新时代教师发展丛书

教师怎样做

教育行动研究

◎ 严先元 谭文丽

编著

教师怎样让师德师风落地生根

教师怎样引导学生更新学习方式

教师怎样用好信息技术

教师如何进行教育评价

教师怎样做教育行动研究

教师怎样进行校本研修

新课程的课堂教学是什么样子

教师怎样做教学诊断

教师怎样设计一堂好课

教师怎样进行课堂教学质量的管理

东北师范大学出版社

长 春

图书在版编目(CIP)数据

教师怎样做教育行动研究 / 严先元,谭文丽编著.
—长春:东北师范大学出版社,2020.7
(新时代教师发展丛书/严先元主编)
ISBN 978 - 7 - 5681 - 7010 - 9

Ⅰ.①教… Ⅱ.①严… ②谭… Ⅲ.①中小学—教学
研究 Ⅳ.①G632.0

中国版本图书馆 CIP 数据核字(2020)第132915号

□责任编辑:王雪芹　　□封面设计:隋福成

□责任校对:李 杭　　□责任印制:许 冰

东北师范大学出版社出版发行
长春净月经济开发区金宝街 118 号(邮政编码:130117)
电话:0431-84568164
网址:http://www.nenup.com
东北师范大学音像出版社制版
辽宁新华印务有限公司印装
沈阳市张士经济技术开发区
中央大街六号路 14 甲—3 号(邮政编码:110021)
2020 年 7 月第 1 版　　2020 年 7 月第 2 次印刷
幅面尺寸:169 mm×239 mm　印张:15　字数:207 千

定价:86.00 元

总　序

　　教师是立教之本、兴教之源。教师作为教育发展"第一资源"的价值判断，确定了教师在实现中华民族伟大复兴中国梦进程中的重要作用。中共中央、国务院在《关于全面深化新时代教师队伍建设改革的意见》中明确指出："教师承担着传播知识、传播思想、传播真理的历史使命，肩负着塑造灵魂、塑造生命、塑造人的时代重任，是教育发展的第一资源，是国家富强、民族振兴、人民幸福的重要基石。"这不仅强调了教师与现代化国家的共生关系，更突出了建设高素质、专业化、创新型教师队伍与建设具有中国特色社会主义现代化强国之间的密切关联。

　　党的十九大报告指出，使命呼唤担当，使命引领未来。建设高素质、专业化、创新型教师队伍任重道远。我国有研究者指出，建设这样一支队伍主要有三条基本途径：一是个体内在路径，二是制度外部路径，三是文化融合路径。① 本书在这三个方面都有涉及，但更多地聚焦于教师主体性实践的个体内在路径，对当前广大教师来说，这可能是更适切的。

　　关于本丛书内容选择，主要出于以下考虑：习近平总书记曾在《求是》杂志发表《一个国家、一个民族不能没有灵魂》的重要文章，他引用《左传·襄公二十四年》中的话"太上有立德，其次有立功，其次有立言"，教导我们要"立德""立功""立言"，才能创不朽之业。本丛书重视通过"以德立身、以德立学、以德立教、以德育德"，促进师德修养提升，不仅有专册论

---

　　① 朱旭东，宋萑，等. 新时代中国教师队伍建设的顶层设计［M］. 北京：北京师范大学出版社，2018：8-9.

述，而且在各册中突出价值定位和价值引领。由于教师的"建功立业"在时间和精力上大多用于"教学活动"，特别是用在"提高教学质量的主阵地——课堂教学"上，因此我们针对教学诊断、教育评价、教育行动研究、校本研修等都做了分册撰述。同时，根据教师专业的特质，教师发展必须以"实践性知识"作为支撑，我们也从校本研修、行动研究、技术促进学习和提高信息素养等方面做了一些专门的讨论，希望教师以"立言"的形式进行创新探索，积淀经验成果，实现交流互动。

建设教育强国是中华民族伟大复兴的基础工程，我们每一位教师都为投身这伟大斗争、伟大工程、伟大事业、伟大梦想而深受鼓舞。我们深信，经过奋发努力，"教师综合素质、专业化水平和创新能力大幅提升，培养造就数以百万计的骨干教师、数以十万计的卓越教师、数以万计的教育家型教师"，"广大教师在岗位上有幸福感、事业上有成就感、社会上有荣誉感，教师成为让人羡慕的职业"的目标一定能实现。

为此，我们期待着本套丛书的出版能够为广大基层教师的教育教学工作带来一定的帮助。

2020 年 7 月

前　言

　　党的十九大提出建设高质量、专业化、创新型教师队伍的任务；新时代的教师将不只是"知识的消费者"，亦应当是"知识的生产者"。教师专业的"创造性"、"拓展性"等特性也赋予教师成为"研究者"的潜质和条件。

　　"重新认识教师"是当代教育的一个重要命题，由此而产生"教师即研究者"的观念。这种观念坚信，教师有能力对自己的教育行为进行反思、研究和改进，教师有能力针对自己的教育情境提出最贴切的改革建议。由教师来研究和改革自己的教育实践，是教育改革最直接、最适切的方式。外来的研究者对教育的现实情境往往缺乏深入的了解，他们的研究往往不能抓住问题的关键，得不到教师的认同。所以，这一观念特别强调教师不应只是别人研究成果的消费者，教师更应该成为研究者。我国蓬勃开展的校本教研，正是秉持这一观念的具体实践形式。

　　教师是从事教育工作的专业人员，是教育的"行动者"。正像行动研究的首倡者勒温强调的，"没有无行动的研究，也没有无研究的行动"。教师在校本研究中运用行动研究方法，是他们提高实践成效，提升专业素养的急迫需求，也是他们把学习、反思、研究融为一体的最佳选择。由于行动研究是"质性"范式的典型代表，它作为一种研究"类型"，包容了许多教师熟悉的常用方法和技术，因此，我们从方法论的角度缕述了当代教育研究的"混合"走向并简要介绍了人类学的"田野外工作"方法在教育研究中的应用。总之，我们这本书就是为帮助广大教师掌握教育行动研究方法而编撰的。

目　录 Contents

第一章

怎样认识教育行动研究的价值、功用和特征

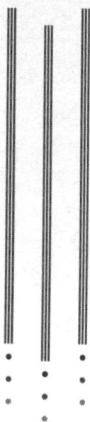

教师应成为研究者，教师的教育研究具有重要意义，教师作为教育实践的主体，必须通过研究才能改善教育教学活动；教师的教育研究以直接推动教育教学实际工作的改进为目的，它最大的现实意义就在于可以让教师"理解"教学实践中有着内在联系的多种要素的含义，从而使教学实践更具理性特征。

20 世纪 70 年代以来，随着世界教育改革浪潮的到来和对教师角色发展的关注，英国、美国、澳大利亚、日本等国教育界相继出现了教育行动研究的热潮。

教育行动研究明确倡导教育研究不是某些人的专利，不是深不可测、高不可攀的玄虚过程；教师人人都能做研究，人人都能成为研究者；教师作为教育实践的主体，必须通过研究才能改善教育教学活动；教师的教育研究以直接推动教育教学实际工作的改进为目的，它最大的现实意义就在于可以让教师"理解"教学实践中有着内在联系的多种要素的含义，从而使教学实践更具理性特征。[1]

一、 教育行动研究的现实意义

教师应成为研究者，教师的教育研究具有重要意义，它是靠正确的"研究"观念、过程和方法来体现的。就教育行动研究而言，其实它并不是一种"独立"的方法，因此，我们应将教育行动放到更广阔的发展背景中来理解其含义。

（一）教育研究出现了新走向

如果我们要从"方法"的角度来把握和运用教育行动研究，就先要了解教育研究方法的构成。

一般来说，教育研究方法是指对教育活动进行科学研究的一个体系，它由不同层次的"方法"构成。

---

[1] 全国十二所重点师范大学. 教育学基础 [M]. 北京：教育科学出版社，2002：301.

教育研究方法的最高层次是世界观体系的方法论原理。在理论上它是马克思主义的应用哲学，在实践上它是起定向作用的各种类型、各种具体研究方法的共同基础。目前属于这个层次的方法论包括哲学方法论（如辩证唯物论）和科学方法论（如系统理论）。

第二个层次是教育科学的特有方法，反映教育自身的特点和逻辑结构，它是哲学方法论的具体运用，又是诸多具体研究方式、手段的概括，它既受哲学方法论的支配和指导，又规定和制约着具体的研究方式和手段。实际上这是教育科研方法自身的一种范型或大的类型划分。

第三个层次是教育科研中具体使用的方式、方法和手段的总称。它是为达到不同研究目的而使用的各种具体方法，如怎样进行行动研究，如何设计教育实验，等等。

概括地说，方法包括了三个层面：方法论、方法或方式、操作技术。这种界定反映了人们对研究方法的认识在不断加深。

1. 教育研究方法论的演化

"方法论"的要义是从世界观的角度来看待和选择方法，其有科学主义范式和自然主义范式的分野。这里所讲的"范式"，按照库恩（Kuhn）的解释，是科学共同体在长期的科研活动中所形成和分享的理论模式、理想、信念和价值观，也包含着彼此共同遵守的相似或相同的研究方法和技术路线。

- "科学主义"的范式

它是 19 世纪中叶以来随着自然科学的兴起而日渐兴盛的一种哲学思潮。近代自然科学的发展以及科学技术的广泛运用使人们逐渐认识到应用自然科学的理性思维可以有效发现客观世界的内在规律，并产生巨大的成果。科学主义的理论基础是唯物主义。唯物主义认为，物质是宇宙万物存在的唯一方式，意识是物质的派生，人的思维也是纯物质的，因此，对客观世界的认知就要采取科学主义的方法。科学主义实证研究方法所采用的可控实验与量化操作手段在认识世界方面发挥出独特的作用，这引发人们对科学主义的进一步崇尚和盲从。在科学主义的影响下，教育研究也走上了"科学化"之路。

在梅伊曼（Meumann）和拉伊（Lay）等人的努力下，教育学采用了实验、观察、统计等实证研究手段，逐渐向一门真正的独立学科演进。现代科学技术的发展更是促使教育学研究不断地按照"科学"标准来调整自身的发展。于是，可控性的实验研究、精确化的量化统计、大规模的观察分析等日渐成为教育研究的常用手段，甚至成为衡量教育学研究是否客观科学的重要指标。

- "自然主义"的范式

自然主义既指一种特殊的研究方法，也指对客观世界的一种理解方式或信念。国内的一些学者认为，事物或人的性质是由自然存在物体的性质所决定的，因此宇宙间存在或发生的一切都可以用自然的方法加以解释或说明。同时，自然主义坚称自然界与人类社会具有连续性，并认为自然科学研究方法与社会科学研究方法不是截然分开的，彼此之间具有连续性和统一性。综合而言，自然主义的核心理念是坚持从自然的立场出发来理解和阐释自然界、社会和人。以人为主要对象的教育研究更要秉承这样的方法与理念。"以人为本"必然会加大教育研究的复杂性，要客观地发现教育问题的本质，并提出适切的解决方案，在研究过程中研究者就必须"悬置"其固有偏见，以中立的态度去观察和分析问题。

- 两种方法论范式的分析①

科学主义与自然主义研究范式具有坚持唯物主义一元论、倡导科学-实证研究手段和强调"悬置"研究者个人"先见"等共性。在教育研究中，科学主义范式排斥形而上学的本体论，自然主义范式则认可质性研究方法；科学主义范式无视研究者个人的存在，自然主义范式则强调人直接参与调研的作用；科学主义范式倾向于将对象进行分解研究，自然主义范式则强调从整体上把握研究对象；自然主义范式主要采取紧跟设计和目的抽样的研究方式，科学主义范式往往采取预先设计和传统随机抽样的研究方式。科学主义和自然主义研究范式都对教育研究产生重要影响，但科学主义范式的"自然科学

---

① 方宝. 教育研究中的科学主义范式与自然主义范式辨析 [J]. 江苏高教，2016 (04).

"化"取向备受质疑，而自然主义范式则面临着如何保障研究有效、可信的困境。

2. 混合方法研究的兴起

方法论上的科学主义范式和自然主义范式虽然存在着研究方法取向上的分野，但它们的"共性"及其在不同对象领域研究中的"比较优势"却促进了混合方法研究的兴起。

• 成为独立方法论的混合方法研究[①]

在 20 世纪的最后二十年，在量化研究与质性研究孰优孰劣的争论之中，出现了旨在整合两者的混合方法研究。进入 21 世纪，混合方法研究的理论基础与实践程序技术不断完善，大量关于或基于混合方法的研究涌现，正如美国著名学者约翰逊等人（Johnson，Onwuegbuzie）所言："混合方法研究的时代已经来临。"

约翰逊等人（Johnson，Onwuegbuzie，Turner）分析了 19 位权威研究者对混合方法研究的界定，总结认为："混合方法研究是研究者结合质性研究与量化研究的要素（比如质性与量化研究的视角、资料搜集和分析的方法与步骤、推论的技术），增加有关研究问题的证据，从而拓宽、加深研究者理解的一种研究。"在混合方法研究兴起之初，"混合"更多停留于技术手段层面，强调在同一个研究中搜集并分析质性与量化两类资料。如今，越来越多的研究者认同，"混合"不仅涉及共用量化与质性方法，还包括技术手段背后的哲学理念与理论立场的整合，混合方法研究已被视为一种有别于量化研究与质性研究的独立方法论。

早期的"混合"主要有两种形式。一类是在实验研究中加入访谈与观察的环节，著名的霍桑实验便是一例。另一类是文化人类学家运用问卷调查访谈、观察等多种方式进行田野研究。但此时的"混合"更多是研究者在研究

---

① 李刚，王红蕾. 混合方法研究的方法论与实践尝试：共识、争议与反思 [J]. 华东师范大学学报（教育科学版），2016（04）.

过程中"自然而然"的一种应对之策，研究者并没有突出多元方法的应用并论证其合理性。

1990 年至今，混合方法研究进入了不断完善与快速扩张时期。第一，混合方法研究的支持者试图为其寻找更为坚实的哲学基础，而实用主义为在混合方法研究中奉行"多元方法、不同世界观、不同假设、不同类型数据的搜集与分析"提供了契机。第二，关于混合方法研究的设计与具体实施的应用性研究更为深入，混合方法研究初步形成了自己的话语体系，如并行设计、顺序设计等专业术语以及混合方法研究的图示化。第三，混合方法研究在教育学、心理学、护理学、社会学、管理学等诸多学科日益流行。

• 混合方法研究的主要功能[①]

尽管混合方法研究一直都在争议和诘问中前行，但研究者还是以实用的视角关注它的"整合"功能。

格林等人（Greene，Caracelli，Graham）将"整合"的主要功能归纳为三角互证、互补、发展、创新与扩展；布里曼（Bryman）曾列出选择混合方法研究的 16 个理由。综合这些论述，我们可以从两个层面理解"整合"的功能。在过程层面，"整合"可以扩充资料、确定变量、开发工具、提供多元化的分析方法与生成研究问题，这使研究进程得以继续，并达成互补与反思。在结果层面，"整合"的功能主要有：第一，互证，通过不同的研究方法来寻求某一结论的共同确证；第二，补充，一种方法的结果可以为另一种方法的结果提供解释、例证；第三，反思，研究就像旅程，并不一定完全与计划相洽，不同方法得出的研究结论的冲突会让研究者重新思考研究问题、研究设计与研究方法，对研究进行重构。

对于如何进行混合方法研究设计，研究者进行了诸多的类型学分析，并形成了多种分类。其中，并行设计是最为典型的混合方法研究设计，其要求研究者同时针对研究现象分别搜集并分析质性资料与量化资料，通过不同但

---

① 李刚，王红蕾. 混合方法研究的方法论与实践尝试：共识、争议与反思 [J]. 华东师范大学学报（教育科学版），2016（04）.

是互补的资料来更好地回答研究问题。该设计中，量化研究与质性研究居同等地位，"整合"往往发生在以下两个阶段。

①资料分析阶段，通过资料的转译将资料转化为同一类型，而后进行综合分析。比如对质性资料进行编码或者类型学分析，然后与量化资料合并，进行统计分析；或者对量化资料进行因子分析，形成类型框架，成为质性资料分析的重要维度。

②资料解释阶段，通过对比量化资料与质性资料的分析结果，呈现结论的趋同、相关或者对立，并进一步解释其原因。"整合"可以达成互证，也可能发现结论的冲突，引发对研究问题与设计的重构。

• 混合方法研究的实际应用①

混合法的应用主要涉及三个操作性问题：什么时候混合；如何混合；为什么混合。莫斯把混合研究分为即时混合和次序混合以回答第一个问题：即时混合指收集数据时同时使用质化和量化两种方法，次序混合指采用一种方法收集到一定数据后再使用另一种方法收集另外的数据。约翰逊等人（Johnson，Onwuegbuzie，Turner）依据质化、量化研究方法在混合研究中的重要性把混合研究分为三类：第一类研究设计是"同等地位混合"，即量化和质化方法在一项研究中同等重要；第二类是"量化主导混合"，即一项研究中尽管使用不同研究方法，量化方法却居主要位置，质化方法为辅；第三类是"质化主导混合"，即一项研究中质化方法居主要位置，量化方法为辅。

针对第二个问题，克莱斯维尔（Creswell）提出在数据分析阶段混合使用质化、量化数据的三种方式：合并数据、连接数据和嵌入数据（如图 1-1 所示）。合并数据指的是对质化数据和量化数据分别进行分析，得到的结果构成研究结论；连接数据是指在对一种数据的分析基础上对另一种数据进一步分析，最后得出研究结论；嵌入数据指的是把一类数据作为另一类数据的一个组成部分进行分析，得出研究结论。

---

① 张东辉. 美国教育研究方法论的最新进展：混合法研究的兴起与应用 [J]. 教育研究与实验，2013（04）.

合并数据

| 质化数据 | → | 研究结论 | ← | 量化数据 |

连接数据

| 质化数据 | → | 量化数据 | → | 研究结论 |

嵌入数据

量化数据
| 质化数据 | → | 研究结论 |

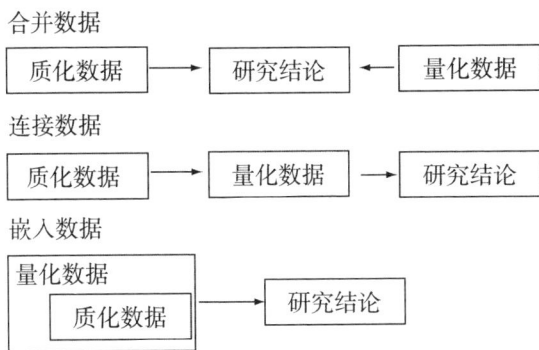

图 1-1 使用质化、量化数据的三种方式

针对第三个问题，格林、卡拉茨利和格拉海姆认为混合研究设计不外乎 5 个目的，即三角互证、互补、发展、创新、扩展。

3. 教育研究方法的走向

20 世纪中叶以来，教育研究进入了方法论的变革时期，发生了明显的方法转型。这种转型的动力主要有两个：一是历史主义科学哲学的产生与发展，为教育研究方法论的发展指明了新方向；二是对教育研究现实困境的反思，迫使人们重新审视教育研究的特点，构建教育研究独有的方法规范和发展模式。人本取向、融合取向、实践取向、整体取向和跨学科取向则是当代教育研究方法论的基本取向。[①]

• 走向人本

教育研究的对象是人类的教育实践活动，因此教育研究需要从"人"出发，用人本主义的思维方式来思考，把握教育活动区别于自然现象的独特之处。

从人本主义的立场出发，复杂性是教育活动区别于自然现象的重要特征。影响教育的因素是极其众多的，政治、经济、文化、人口等社会生活的方方

---

① 曾继耘，周卫勇. 当代教育研究方法论的变革动力与基本取向 [J]. 山东师范大学学报（人文社会科学版），2016（01）.

面面无一不和教育有着千丝万缕的联系。任何一个因素的改变都可能导致连锁反应。而在众多因素中，"人"的介入更加剧了教育问题的复杂性。教育活动离不开人，人的价值与愿望会参与其中，影响教育活动的方向和形态。

在教育研究中，试图像自然科学研究一样，对一种教育现象进行"一因一果式"的严密的归因分析，往往是比较困难的。正如有学者所言：人与人之间在实践领域、社会生活和社会历史领域基于主体间的交互影响，是人与自然的根本区别，看不到这个根本区别，一定要把自然领域以及自然规律的规定性、获得规律的方法的规定性加诸教育这样一个属于人的实践和社会生活的领域，像建立自然科学一样研究教育，其本身已经在根本的起点之处违背了实事求是的科学精神。①

• 走向统整

随着近代自然科学的飞速发展，与之相对应的科学实证研究赢得空前的声誉，占据教育研究的优势地位，成为 19 世纪乃至 20 世纪前中期教育研究的主导方法。然而，一个多世纪教育研究实证化的实践在证明了科学实证方法在某些教育具体问题研究上的价值的同时也证明了实证取向研究范式在教育领域的局限性。因此，20 世纪 50 年代以后，在探索教育研究自身规范的努力中，单一的实证取向得到修正，但也没有被彻底放弃，而是在与传统哲学思辨取向的不断交融中逐步走向融合。"准实验"概念的提出就是这种融合的典型代表。

准实验是介于前实验（即假实验）与真实验之间的实验研究设计，它是在不对被试进行随机处理的条件下，运用原始群体进行实验处理的研究方法。它虽然不能完全控制研究条件，在某些方面降低了控制水平，但却在接近现实的条件下，尽可能通过程序的改变或测量的调整，来最大限度地控制无关因素。它既达不到真实验的水平，也并不是完全不讲控制与量化的前实验。这种实验在人文社会科学研究领域具有较好的科学性和合理性。显然，教育

---

① 宁虹. 教育研究导论 [M]. 北京：北京师范大学出版社，2010：8.

领域的多数实验研究都属于典型的准实验研究，虽然这类实验的内在效度可能不太高，在科学性上无法做到完美，却较容易与教育现实情况结合起来，拥有较高的外在效度。

• 走向实践

教育行动研究是在自然的教育情境中，教育实践者本人（或与他人合作）以教育实践中面临的真实问题为研究对象，以改进教育实践、提升实践者自身专业素养为目的，运用各种研究方法进行的综合性研究活动。它以解决实际问题为目标追求，不追求理论体系的构建，是实践取向的研究范式。

近几十年的发展证明，实践取向的行动研究对教育理论与实践的发展都具有非常重要的意义。教育行动研究是教育实践者的一种批判性自我反思，它有助于教育实践者提高理性自省能力，从原有的纯经验式思维方式和行为框架中解放出来，促进自身的专业成长；还可以在研究中创造出新型教育实践，使研究活动及其创造力直接凝聚在实践之中，成为推动实践完善的直接力量，从而提高教育研究的实效性；还可以促使人们更加深入地思考教育理论与教育实践之间的关系，引导理论研究走向实践，既实现教育理论研究的终极追求，使教育理论因实践的支撑而变得更加丰满，克服空洞无物之弊，又提高教育实践的研究意识，使教育实践因理论的导引而保持正确的方向，避免教育实践盲目浅薄之害；同时，它还可以使教育实践者变为研究者，教育研究队伍因行动研究的加强而改变结构，形成教育专业人员、中小学一线教师和教育管理人员"三结合"的局面。这一切都突显了教育研究的实践性。在实践中、为了实践、研究实践、发展实践，已经成为当代教育研究的标志性特征。

（二）教师发展提出了新要求

教育强国，教师为本。习近平总书记高度重视教育、关心教师。他站在全局的高度，提出了一系列关于教师的思想和观点，为新时代教师队伍建设指明了方向。习近平总书记提出的关于教师的认识和思想，包括教师的价值、教师的素养、教师角色的静态内容和教师的职责、教师的修养、教师学习的动态路径，具有严谨完整的内在逻辑关系。深入学习以习近平同志为核心的党中央关于教师发展的新要求，对于我们领悟教育行动研究的根本意义和实践旨趣具有极为重要的作用。

1. 提高素养，牢记使命

习近平总书记指出，教师是立教之本、兴教之源。因此，教师必须提高自身的素养。2014 年，习近平总书记在与北京师范大学师生代表座谈时明确提出了有"理想信念、道德情操、扎实学识、仁爱之心"的四有好老师标准，这是新时代教师应具备的基本素养。"创新意识"也是习近平总书记特别强调的一种素养，2016 年他在北京市八一学校考察时指出教师要做学生创新思维的引路人。总体来看，习近平总书记强调的几种素养中，理想信念是方向，道德情操是核心，扎实学识是基础，仁爱之心是方式，创新意识是动力。

习近平总书记对教师使命和职业提出了明确的要求。在 2018 年 9 月召开的全国教育大会上，习近平总书记指出，"教师承载着传播知识、传播思想、传播真理、塑造灵魂、塑造生命、塑造新人的时代重任"，总书记这一论断指出了新时代教师的责任和使命。习近平提出教师要当好"灵魂工程师"，成为学生人生的引路人："教师要做学生锤炼品格的引路人，学生学习知识的引路人，学生创新思维的引路人，学生奉献祖国的引路人"。

习近平总书记还对教师提高素养的践履做出精要的提示，即"四统一"和"三路径"。"四统一"是指教师要"坚持教书和育人相统一，坚持言传和身教相统一，坚持潜心问道和关注社会相统一，坚持学术自由和学术规范相统一"。"三路径"是指教师要做到"以德立身、以德立学、以德施教"。

学习习近平总书记在新时代对教师发展的要求，必将激励我们凝心聚力，投身于实践，诉诸行动，在探求与创新中成长和发展。

2. 终身学习，勇于践履

2013 年教师节前，习近平总书记向全国广大教师致慰问信时倡导，要牢固树立终身学习理念；2014 年在同北京师范大学师生代表座谈时又强调，教师要始终处于学习状态，站在知识发展前沿。人生有涯，而学无止境，对于承担传播知识、思想、真理职责的教师更是如此。习近平总书记指出，"过去讲，要给学生一碗水，教师要有一桶水，现在看，这个要求已经不够了，应该是要有一潭水"。当今时代，知识更新极速，获取途径便捷，教师只有站在知识创新的前沿，才能站稳岗位。因此，教师要牢固树立终身学习理念，有效学习，不断提高自身的业务能力和教育教学的质量。学习是教师的基本生存方式，自己成为终身学习的践行者，才能培养出具有终身学习理念的学生。

习近平总书记历来重视知行统一，倡导在践行中获取真知。他曾在中央党校 2009 年春季第二批进修班暨专题研讨班开学典礼上的讲话中引用陆游《冬夜读书示子聿》的诗句，"纸上得来终觉浅，绝知此事要躬行"；在庆祝中国人民政治协商会议成立 65 周年大会的讲话中又引用《晏子春秋》的话，"为者常成，行者常至"。在一个急剧变革、需要终身学习的时代，只有投身于持续的实际行动中去体察、去探究、去履新，才能实现"常至""常成"的目的。显然，这也是教育行动研究的信条。

3. 适应变革，积极进取

在一个急剧变革的时代，世界各国都把创新作为应对变化和挑战的根本举措。在教育领域，行动学习、行动研究等也应运而生。

"行动"这个概念多少与活动、做事、投入等意义相联系，现在已经在教育领域有广泛的应用，如行动研究、行动教育等。教师的行动学习具体包括三个方面的含义：一是学习的目的直接指向教师的教学行为，学习的需要直接来自教学中的问题；二是教学实践成为学习的内容，教学实践为学习提供了生动的素材，学习不是在超越自己的教学实践范围之外进行的；三是教学实践的过程成为学习的主要载体，学习在教学实践过程中进行，即教学学习化，学习寓于教学过程之中。教师的行动学习也可以简单地归结为三句话：为改进自己的教学而学习；针对自己的教学问题而学习；在自己的教学过程中学习。

不难发现,"行动学习"与"行动研究"可以说是异曲同工,互为表里。我们知道,联合国教科文组织曾经提出:"教师同其他职业一样,是一种学习的职业,从业者在职业生涯中都要有机会定期地更新和补充他们的知识、技艺和能力。"① 随着时代的发展,教师所面临的不确定性因素与日俱增。于是,自 20 世纪 80 年代中期以来,西方研究者开始将目光转向教师学习领域。"研究的重心开始从'如何教'转向'如何学',教师学习的机制和特点、有效学习的条件和方式等逐渐成为研究的基本主题。"② 这正如泰勒所指出的,"未来的在职培训,将不被看作是'造就'教师,而是帮助、支持和鼓励每个教师发展他自己所看重、所希望增加的教学能力。占主导地位的、被普遍认可的精神,将是把学习本身放在最重要的地位。"

可以认为,教育行动研究的内在本质,就是教师个体的一种学习,是一种进取性的学习、一种探究性的学习、一种创新性的学习,而其社会效益,不过是这种学习的"正外部性"(溢出)效应的表现。

(三)学校建设规划了新愿景

学校是整个国民教育的基层组织,教师的专业生活、工作场所以及劳动时间都嵌入学校这一场域中,因此,教师的社会价值实现、个体存在意义和生涯发展前景,都与学校的教育实践及其精神追求息息相关。

1. 新时代学校教育的着力点

中国特色社会主义进入新时代,我国社会的主要矛盾已经转化为人民日益增长的美好生活需要和不平衡不充分的发展之间的矛盾。满足人民群众对美好教育生活的向往,成为今后我国教育改革和发展的主要任务,人民群众对多样、特色、优质教育的需求更加强烈,对教师队伍素质提出更高的要求。

---

① 张敏. 教师学习的理论与实证研究 [M]. 杭州:浙江大学出版社,2008:4.
② 毛齐明. 国外"教师学习"研究领域的兴起与发展 [J]. 全球教育展望,2010 (01):63-67.

党的十八大提出，"办好人民满意的教育"，党的十九大提出，"努力让每个孩子都能享有公平而有质量的教育"，这更清晰地指出了学校教育的奋斗目标，体现了"多谋民生之利，多解民生之忧，在发展中补齐短板，促进社会公平正义"，使"幼有所育、学有所教"的关切。

关于教育质量，《国家中长期教育改革和发展规划纲要（2010—2020年）》在讲到"把提高教育质量作为教育发展的核心任务"时指出，树立科学的质量观，把促进人的全面发展、适应社会需要作为衡量教育质量的根本标准。2019年6月23日发布的《中共中央国务院关于深化教育教学改革全面提高义务教育质量的意见》强调，树立科学的教育质量观，深化改革，构建德智体美劳全面培养的教育体系，健全立德树人落实机制，着力在坚定理想信念、厚植爱国主义情怀、加强品德修养、增长知识见识、培养奋斗精神、增强综合素质上下功夫。坚持德育为先，教育引导学生爱党爱国爱人民爱社会主义；坚持全面发展，为学生终身发展奠基；坚持面向全体，办好每所学校、教好每名学生；坚持知行合一，让学生成为生活和学习的主人。

关于教育公平，公平不是平均，公平有三个层次：平等地对待相同的，有差别地对待不同的，对弱势群体进行补偿，即"平等原则""差别原则"和"补偿原则"。有研究者提出，课堂是一项制度、一场时空、一个场域，更是一种启蒙。教育公平的实现很大程度上取决于课堂正义的达成。与此同时，作为社会制度首要价值的正义也必须在课堂上得到传播与传递。参照罗尔斯的正义原则，正义的课堂必须要让学生平等地享有作为社会人、个性人及未来人的权利，并且给予最不利者以最大限度的补偿。

从实践的角度说，公平与质量是辩证统一的，公平与质量之间并非对立的关系，按照正确的质量观，学生的发展指的是"每个学生的发展"，按照正义的公平观，公平应体现在"每一个学生上"。而且，在教育实践上，质量只有立足于公平才有意义，从学校行动研究的角度说，公平而有质量的教育不仅是一种主题定向，也是充满创造探新的巨大空间。

2. 学校是一个制度化的实体

什么是实体？如果望文生义，可以把教育实体理解为实实在在地进行教育活动的组织机构。这个机构是从漫长的教育活动发展史中分化出来的、独立出来的、逐步完善的制度化的实体。我国研究者把复杂的教育组织体系分解为三级（三个层面），即：教育者与受教育者之间的"直接教育过程"；以各种各样的直接教育过程为基础的"教育实体"；由各级各类教育实体构成的"教育系统"。

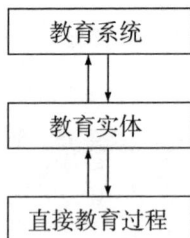

图1-2　教育组织体系的三个层面

学校作为教育实体还可以从其内涵来理解："学校之所以作为'教育实体'，是由于它是复杂的教育过程有机的结合体。""教育实体"与"非教育实体"之分以"教"的职能作为标志。①

那么，学校作为教育实体的意义何在？概括而言：各种构想和设计都要在这里落实；各种矛盾和问题都要在这里显现；各种对策和方式都要在这里践履；各种变化和效果都要在这里发生。总之，学校是一切美好预期和宏大叙事的交汇点和支撑点。因此，我们不难理解，学校教育正是教育研究最佳的、最实的、最有探索价值的基本阵地，也是教师张扬主体性、彰显聪明才智的广阔田野。教师以学校为立足点进行行动研究是顺乎自然的趋势。

3. 科研兴校成为应然的选择

《中共中央国务院关于深化教育教学改革全面提高义务教育质量的意见》

---

① 陈桂生. 学校教育原理（增订版）[M]. 上海：华东师范大学出版社，2012：46.

的指导思想是：坚持以习近平新时代中国特色社会主义思想为指导，全面贯彻党的教育方针，落实立德树人根本任务，遵循教育规律，强化教师队伍基础作用，围绕凝聚人心、完善人格、开发人力、培育人才、造福人民的工作目标，发展素质教育，培养德智体美劳全面发展的社会主义建设者和接班人。这一指导思想体现了"合目的性"与"合规律性"的统一，即要达成一定的目的，必须遵循其规律。在中共中央国务院的同一文件中，谈及"深化关键领域改革，为提高教育质量创造条件"时强调，发挥教研支撑作用，加强和改进新时代的教研工作。这些要求应落实在教育行动研究中。

　　我国的教育改革取得了巨大的进步，但也进入了"深水区"，"摸着石头过河"存在一定风险。这不禁使我们想起毛泽东的一句话。毛泽东把方法比喻成过河的"桥"与"船"，他说："不解决方法问题，任务也只是瞎说一顿。"从学校的实际看，学校工作都是"实事"，"行事"几乎是所有学校教育工作的"实务"，按规律办事，就是在别人已有经验和理论基础上，从实际出发，有目的、有计划地尝试、探究、总结、反思，找到事物之间稳定的关系和联系。这就使学校教研采用行动研究成为水到渠成之事。

二、　教育行动研究的含义阐释

　　教育行动研究是一种适合实际教育工作者运用的应用研究方法。它是质性研究范式的一个很突出的代表。我国学者陈向明在分析社会科学研究的发展趋势时指出，质的研究越来越重视行动研究，强调让被研究者参与到研究之中，将研究的结果应用于制度和行为的改变上[①]。

---

　　① 　陈向明. 质的研究方法与社会科学研究［M］. 北京：教育科学出版社，2000.

（一）教育行动研究的来龙去脉

长期以来，"行动"与"研究"似乎是不搭界的两码事。实践工作者忙于做事，专业研究人员专注于做学问。在教育领域也是如此，学校的管理者和教师日复一日地"行动"，教育专家和专职教研人员殚精竭虑地"研究"。这种情况既无法促进实践的进步，又阻碍了理论的发展，于是，把"行动"与"研究"结合起来的需要，使"行动研究"应运而生。行动研究就是一种通过教育实践者和科研人员合作探索，用实际行动解决现实问题的研究方式。

1. 行动研究的发端

"行动研究"作为一个术语、一种社会科学领域中的研究方法，始见于第二次世界大战时期的美国。

行动研究有两个来源：一是 1933 年柯立尔研究印第安人问题时，主张实践者为解决自身问题而进行的研究，这一基本思想可以说开创了行动研究的先河；二是 1946 年美国社会心理学家勒温和犹太人、黑种人进行的合作研究。[1] 勒温将这种结合了实践者智慧和能力的研究称为"行动研究"。他在《行动研究与少数民族问题》一文中指出，"没有无行动的研究，也没有无研究的行动"，强调了行动与研究之间的密切关系。后来，他把行动研究定义为"将科学研究者与实践工作者之智慧和能力结合起来解决某一事实的一种方法"。他的观念很快传入教育领域，他和同事、学生们开始同教育家一起研究课程结构和教师的专业发展。

2. 教育行动研究的兴起

把教育行动研究引入教育领域的，首推美国哥伦比亚大学师范学院院长考瑞等人。1953 年，考瑞在《以行动研究法改进学校措施》一书中写道："所有教育研究，只有由研究结果的应用者来主持，才会使研究结果不致白费；

---

[1] 郑金洲. 校本研究指导 [M]. 北京：教育科学出版社，2002：26.

同时，只有教师、学生、辅导人员、行动人员以及家长等支持者不断检讨学校措施，才能使学校适应生活。故上述人员必须以个别或集体形式，采取积极的态度，发挥创造性思维，提出合理措施，并勇敢地加以试验，有系统地收集资料，以确定新措施的效果。这种方法便叫'行动研究'。"

1961 年，康奈尔大学学者萨拉·布莱克韦尔说："行动研究法的研究对象是学校中的问题，研究人员是学校教职员，研究目的是改进学校的各项措施。其重要性在于使教育实际与教育理论密切配合，且能给予实践工作者深刻的印象。"

1963 年，美国学者麦克阿斯本说："行动研究法是一种在实际工作中解决问题的方法，通常由教师、行政人员及其他教育工作人员加以应用，以提高教育者的素质……其主要目的是创造最好的教育环境，运用妥善的学习方法，让学生获得最可靠的成长。"

此后，教育行动研究在学校教育研究中逐渐受到重视。

3．教育行动研究的发展

教育行动研究的发展并非一帆风顺，20 世纪 60 年代末期曾受到非难和指责，其主要原因是当时教育研究移植了工业管理中的"研究—开发—传播"模式，实践工作者在教育研究中的作用及其研究的科学性受到怀疑。20 世纪70 年代，经行动研究的积极倡导者、英国学者斯腾豪斯和埃利奥特等人的努力，行动研究再度崛起，特别是在教育领域有了很大的发展，其内涵也更加丰富了。

英国课程论专家斯腾豪斯是复兴行动研究法的先驱，其复兴行动研究法的切入点不仅是为了改进教育实践，更是为了中小学教师的自身解放。他指出，教师解放的本质是专业自主，实现专业自主最重要的途径是"教师成为研究者"。在斯腾豪斯看来，教师既有研究的权利，也有研究的条件。"教师是教室的负责人，而从实验主义者的角度来看，教室正好是检验教育理论的理想实验室。对那些钟情于自然观察的研究者而言，教师是当之无愧的有效的实际观察者。"斯腾豪斯所说的教师的研究"在本质上只是一个实践问题"，因而是行动研究，他认为行动研究法"就是教师或者其他实践工作者针对实际问题进行研究的一种方法"。

当代行动研究法的主要倡导者，英国的埃利奥特批判继承了斯腾豪斯的思想。他指出，教师应"最大限度地负责提出、发展和公开传播关于教学理论的认识。实践表明，只要给予他们思考的机会，他们也能够发现和发展隐藏在教学实践背后的某些教育理论"。但是，教师在行动研究中所建立的理论不是"学术理论"，而是个人的"行动理论"。埃利奥特在《什么是学校中的行动研究》一文中强调指出，行动研究关注的不是各学科分支中的"纯理论研究者认定的理论"问题，而是教育决策者、校长和教师们日常遇到和亟待解决的"实践问题"。

澳大利亚的凯米斯在斯腾豪斯的研究基础上进一步指出，行动研究法应由教师研究共同体通过自我反思进行研究。他认为，斯腾豪斯的理论仅重视教师个人的研究，而教师缺乏集体层面的专业自主，因此，他崇尚教师集体的行动研究。

此后，行动研究法在欧洲及美、澳等国受到高度重视，得到普遍推行[①]。

（二）教育行动研究的基本含义

直到目前，行动研究仍没有大家一致认可的定义。由于它广泛应用于社会科学的各个领域，加上不同的人从不同的角度对其进行阐释，对行动研究就有不同的界定。

1. 不同角度的界定

在国外，行动研究的传统定义是 1972 年哈塞提出的："行动研究是指对运作中的真实情境的干预和对这种干预带来的影响的随后检查。"由于这个定义过于晦涩、概括，缺乏针对性，故没有流行。人们一般采用埃利奥特和凯

---

① 宋虎平. 行动研究 [M]. 北京：教育科学出版社，2003：33-34.

米斯提出的定义。

当代行动研究的主要倡导者埃利奥特认为："行动研究旨在提高社会具体情境中的行动质量，是对该社会情境的研究。"凯米斯在 1993 年提出："行动研究是由参与者在社会（包括教育）情境中进行的一种自我反省性的调查形式，其目的是改进他们自身的社会或教育实践工作，增强他们对这些实践工作的理解，并使他们了解开展实践工作所需要的情境。"

《国际教育百科全书》中把行动研究定义为"由社会情境（教育情境）的参与者，为提高对所从事的社会或教育实践的理性认识，为加深对实践活动及其依赖的背景的理解，所进行的反思研究"。

对行动研究的这些不同认识，归纳起来大致有三种[①]。

（1）行动研究即行动者用科学的方法对自己的行动所进行的研究。持这类观点的人强调用测量、统计等科学的方法来验证假设。这种强调"科学性"的行动研究，被称为"技术性行动研究""科学性行动研究"或"技术-科学性行动研究"。

（2）行动研究即行动者为解决自己实践中的问题而进行的研究。这是英美最为普遍的研究模式。在这类研究中，专家和行动者之间是合作伙伴关系，专家作为"咨询者"帮助行动者形成假设、计划行动、评价行动过程及结果，研究的动力来自行动者自己，行动者以自己的智慧来选择课题、指导行动。这种行动研究被称为"实践性"行动研究。

（3）行动研究即行动者对自己的实践进行批判性思考，以"理论的批判""意识的启蒙"来引起和改进行动。这是一种实践工作者通过批判性的思考及采取相应的行动，使教育摆脱传统的教育理论和教育政策限制的一种研究方式。正因为它有着"批判"的特征，有人把它称为"批判性行动研究"或"独立性行动研究"。

2. 教育行动研究的要义

尽管对教育行动研究有各种不同的阐释，但其基本的含义还是较为一致

---

① 郑金洲. 校本研究指导［M］. 北京：教育科学出版社，2002：29-31.

的。我国研究者提出，"行动研究法是指情境的参与者（如教师）基于解决实际问题的需要，与专家学者或组织中的成员合作，将问题发展成研究主题，进行有系统的研究，以讲求实际问题解决的一种研究方法"。或者是"有计划有步骤地对教育实践中产生的问题，由教师或与专家研究人员共同合作，边研究边行动，以解决实际问题为目的的一种科学研究方法"①。也有学者把它概括为："行动研究是在实际情景中，由实践工作者和专家共同合作，针对实际问题提出改进计划，通过在实践中实施、检验、修正而获得研究结果的一种研究方法。"②

根据以上对行动研究的分析，我们可以将教育行动研究的要义归结为以下三点：

（1）教育行动研究以提高行动质量、解决实际问题为首要目标；

（2）教育行动研究以研究过程与行动过程的结合为主要表现形式；

（3）教育行动研究以教师对自己从事的实践工作进行持续的反思为基本手段。

3．教育行动研究的理念

教育行动研究虽然是一种教育研究的方法，但在它的操作规范和具体做法背后，隐含着一定的理论假设或基本理念。

• 教师成为研究者

教育行动研究的一个重要理念是"教师即研究者"，教师的工作与研究是可以而且应当融为一体的。"教师即研究者"的早期倡导者布克汉姆曾经表达过这样一种看法：研究不是一个专有的领域，而是一种态度，它与教育本身没有根本的区别。也就是说，研究与教学之间是一种"共生互补"的关系，好教师在研究中教学，在教学中研究。

行动研究的倡导者斯腾豪斯对把教育视为机械地传递文化的趋向和"遵

---

① 宋虎平．行动研究［M］．北京：教育科学出版社，2003：6．
② 施铁如．学校教育研究导引：方法、思路与策略［M］．广州：广东高等教育出版社，2004：188-189．

照执行"的教学观提出了严厉的批评，主张"教师成为研究者"，认为反思和研究是通向"解放"、实现教师专业自主的有效途径。他的学生埃利奥特更多地使用"教师成为行动的研究者"的概念来表达发展教师专业能力的期望。在长期的研究中，埃利奥特发现，教师改变教学策略的行动先于理解力的发展，即"以行促思"。他认为，教师可以在教学实践过程中进行有关教育理论的研究，使研究与行动合二为一。斯腾豪斯的另一名学生凯米斯则进一步强调"解放性行动研究"的集体性、共同性价值。显然，在他们看来，"做中学"，在教学中反思和研究，在反思和探究中教学，是教师实现专业化发展的有效途径。

• 从经验中学习

经验是个体在实践活动中积累起来的认识成果，杜威说，经验是个体与环境之间的、连续的、不断的相互作用。一般来讲，教师的经验来自两个场景，一个是学校教育场景，另一个是日常生活场景。在学校教育场景中，教师的经验来源又有三个：一是教师自身亲历的教育教学实践；二是观摩别人的教育教学经验；三是习得学校文化中蕴含的规范和行为。我国研究者认为，教师的经验学习有自发的和自觉的两种形式，其中自觉的学习是教师的经验反思和经验重建[①]。教育行动研究实质上就是一种提升和改组教师经验的活动。

教师的专业知识包括"学科取向的内容知识"和"实践取向的默会知识"。提出"默会知识"概念的英国哲学家波兰尼说过："我们知道的要比能够言说的更多。"教师的日常行为和直接经验中隐藏着许多默会知识。教育行动研究倡导的就是教师通过自我反思和默会知识的显性化，成为自我的发现者、知识的探索者、潜能的开发者、实践理性的总结者。

• 追求实践合理性

实践合理性也称为"实践理性"。教育实践合理性是教育主体的行动合目

---

① 陈振华. 论教师的经验性学习 [J]. 华东师范大学学报（教育科学版），2003（03）.

的性与合规律性的统一，亦即教育主体在把握教育规律的前提下确立教育目的，并受教育目的的引导，为实现教育目的服务，同时在教育目的所指示的范围内，在实现教育目的的过程中探讨和驾驭规律，以求教育实践合理地发展。我国有研究者把教育实践合理性的原理描述为："教育主体对教育实践合理性的需要与相应的动机等是教育实践合理性的动力机制；教育主体的'创新'与'借鉴'活动是教育实践合理性的生成机制；教育主体自觉反思并修正自身行动形成教育实践合理性的调控机制。"① 不难理解，在科学理论指导下的行动研究，追求的正是这种教育实践的合理性。

案例分析

郑金洲教授对行动研究的例释②

我曾有幸接触过四位中小学教师的科研论作，大体体现了四种不同的研究取向。

第一位教师在中学工作，积十年之功，撰写了一部《素质教育原理》。在与我的联系和沟通中，他谈到自己的这部著作有着十大理论突破，如对素质教育与全面发展教育关系的认识、素质教育含义的分析、素质教育的历史发展轨迹等，可以说这部近20万字的著述探讨了素质教育的一系列理论问题。

第二位教师撰写的是一篇关于学习方法方面的论文。他首先详尽论述了美国心理学家加涅的学习理论，介绍加涅的学习理论是如何博采行为主义、格式塔心理学、人本主义与控制论等众家之长，从各流派中汲取所需要的成分并把它们融合进自己的理论中去的，以及加涅的基本学习主张；然后再叙述自己在此基础上形成的关于学生学习的基本观点，在课堂教学过程中引导学生掌握的学习方法。洋洋洒洒，不下万言。

第三位教师写的是一篇名为《把握时代精神，开展主体教育》的文章。文章谈到自己在教学工作中的一些"有益的尝试"，如弘扬人的主体性，唤起

---

① 宋虎平. 行动研究［M］. 北京：教育科学出版社，2003：46-53.
② 郑金洲. 行动研究：教师教育科研的定位［J］. 人民教育，2004（Z1）.

人的主体意识；改革优化课程体系；改进教学组织形式；改进教学方法与模式等。

第四位教师积累了大量的教学反思笔记，汇总了一系列教育教学案例，并且在此基础上形成了自己对教育教学实践的感悟、领悟。在实践中，她始终在思考着这样的问题：如何使自己的教育教学变得更贴近学生的需求，更接近新课程的要求。

对上面四位老师的研究，可做以下分析。

第一位教师的研究在一定程度上是基础研究，目的在于探索新知识，发现新规律，说明新关系。虽然中小学教师也可介入这种研究之中，但常常会因为占有资料、研究时间、思维能力等方面的限制而事倍功半，并且这种研究是外在于中小学教师的，中小学教师做这种研究需要"另起炉灶"，与自己的日常教学实践并不见得有什么必然性的联系。从这位教师提供的这本著作来看，他自认为是理论突破的内容，很大程度上在学术界已经耳熟能详了；他自认为新颖的创造，很大程度上在学术界已经成为老生常谈了。

第二位教师的研究大体上属于应用研究。应用研究旨在将基础研究的成果应用于教育实践，其实这预先隐藏着一个假设，即基础研究的成果都是有效的，都是可以付诸实施的。这样一来，就有意无意地赋予了基础研究以绝对的权威。同时，在应用研究中，专业研究者与中小学教师是相互分离的。

第三位教师的研究看上去似乎是经验总结与概括，但又不具备经验总结那种针对性强、经验介绍详尽、问题具体明确等特点，所以只能说是一种"抽象的"经验总结，从总体上仍旧是"用自己的嘴巴说别人的语言"。

相比之下，第四位教师的研究更为可取，很大程度上是教师应该在实践中采用的研究类型。她把自己的教育教学活动作为研究对象，持续不断地对教育和教学行为进行反思，从而汇总着自己的教育智慧，提升着自己的教育教学水平。这种研究至少在两个方面与前三者不同：第一，研究的问题是产生于实际的工作情境之中的，并且研究的进程是从实际情境出发，根据实际情境的需要随时检讨、不断修正的；第二，研究的是教师对自身实践所进行的有意识的、系统的、持续不断的探究反思，它在突出教师实践的"研究"特征的同时，凸现了教师作为研究者的角色。研究过程自始至终都贯穿着对教师自我反思的要求。这种自我反思，对于教师个人而言，是一种学习过程，对于教育实践而言，是针对情境问题即时找到解决方案的有效途径。第四位教师所作的研究，也就是中小学需要大力推进和开展的行动研究。

（三）教育行动研究的主要特点

1. 教育行动研究的特征分析

自 20 世纪 40 年代柯立尔和勒温倡导行动研究以来，经过柯立尔等第一代行动研究倡导者、斯腾豪斯等第二代行动研究倡导者的努力，行动研究至今已经发展成为一种颇有影响的"行动研究运动"。教育是一种社会实践活动（具体行动），教育行动研究就是围绕教师的教育行动展开的，所以有人把它称为教师的"行动之旅"。施穆克认为，行动研究具有实践性、参与性、赋权于实践者、解放性、试验性和批判性等特征。也有很多学者把它称为"对教育行动的研究""在教育行动中研究""为教育行动而研究"。

我国学者刘良华认为，教育中的行动研究是一种基于研究的问题解决过程；其研究的主题源于学校环境的脉络；实施过程兼具研究与行动两大侧面，主持者兼具研究者与行动者的角色；研究结果要体现在具体的改革实践之中。"教育行动研究"的特质可以概括为"参与""改进""系统""公开"①。

教育行动研究之所以成为校本研修中深受教师欢迎的一种可行的路径，是同其以下特点分不开的。

首先，它是一种把"行动"和"研究"结合起来的方法，它要求教师结合自己的教学状况在行动（即教学实践）中研究和解决问题，从而保证研究工作的实际意义。

---

① 刘良华. 校本行动研究 [M]. 成都：四川教育出版社，2002.

其次，它是一种旨在改进的方法，比日常经验总结要完善，因为它要求教师对有关情况作充分的了解，依据有关理论认真思考，按计划谨慎行动。

再次，行动研究主要适用于教师教育教学实践中"此时此地"的情境，以便更好地改善自身的实践。

最后，行动研究倡导科研专业人员与教师在全过程中的合作。

我国学者施铁如曾从六个方面概括行动研究的"行动"特征[①]。

- 从研究目的看，是"为行动而研究"。
- 从研究对象看，是"对行动进行研究"。
- 从研究环境看，是"在行动中研究"。
- 从研究人员看，是"行动者进行研究"。
- 从研究进程和方法看，是边行动边调整。
- 从研究范围看，是研究者所涉及的行动领域。
- 从研究结果看，是行动的改进与发展。

2. 教育行动研究与传统教育研究范式的比较

特点总是通过比较而清楚地显现出来的。作为一种新兴的教育研究方式，教育行动研究同传统的教育研究范式相比，有较为明显的不同，我们可以从研究主体、研究场域、研究手段和研究目的四个维度来考察这种"范式转换"。

表 1-1　传统教育研究范式与行动研究的比较

	传统教育研究范式	行动研究
谁来作研究	大学教授、专家学者等	一线教师和校长
在哪里作研究	变量可以得到有效控制的环境	学校和课堂情境
如何作研究	运用量化的方法揭示变量之间的因果关系	运用质的方法来描述和理解教育事件
为什么作研究	提出可以推广的理论，出版论著	理解情境，改进实践，带动革新

---

① 施铁如. 学校教育科学研究 [M]. 广州：广东高等教育出版社，1998：167-168.

3．教育行动研究同教育经验总结的区别

校本研究常以经验交流或经验提升的方式展开，如观课、说课与评课，集体叙事与案例开发，专题经验的总结，等等，这些研究的方法同教育行动研究相比较，主要是"规范性"的程度有所不同。

教育行动研究强调对具体问题进行专业概念和因果关系的定位，从而形成比较清晰合理的研究框架，研究成果的行文也有一定的规范。而教学经验总结在这方面则有所欠缺，教师写的文章有时给人以"理论性"不强的感觉。二者的区别具体见表1－2。

表1－2　教育行动与教学经验总结的区别①

研究过程	教育行动研究	教学经验总结
问题的提出	重视理论和课程标准的参照作用，研究的问题感较强，重视对问题的初始调查	问题的主观性和随意性较强，缺乏理论的支持，问题的焦点比较模糊
问题的归因	重视理论和经验的启发作用，以实证的调查为最终的依据	主要依靠主观推断和臆测，有时甚至未适当归因，就提出措施并行动
措施与行动	措施建立在调查归因的基础之上，并体现在课堂教学和班级管理的行动中；注意收集日常资料	传统的教研活动主要集中在这一部分，如措施要结合到备课和教案中去，日常资料的收集包括课堂实录、课后记、教学日记等。措施与行动的展示与交流还会涉及上示范课、评课与说课等活动
评估与反思	重视在实证观察的基础上对措施和行动的有效性进行评估与反思	比较缺乏，如果有，也缺乏实证材料的支持，而且往往正面的评价居多，反思的成分较少

---

① 汪利兵，等.教育行动研究：意义、制度与方法 [M].杭州：浙江大学出版社，2003：22.

一名教师的行动研究

——北京市某中学姜老师开展的"改进数学作业，
提高高一学生数学学习质量的实验研究"

1994年秋，姜老师任教高一两个班的数学课，其中一个班的中考数学平均分在全年级五个班中排名第五。姜老师决心要改变这个班数学差的现状。他一方面改进课堂教学，另一方面加大作业量，除了要求课本上的习题一律全做外，还要求做区里发的大练习本。一学期结束后，该班期末考试成绩平均分仍排在年级第五。他深感这个成绩与学生做作业所付出的心力相比，相差甚远。于是，他决定用行动研究法来提高班上学生的数学学习效果。为此，他打算在现有的教学条件下对作业加以改进，其做法如下所述。

（1）界定问题

他阅读有关学习理论及有关数学作业改革试验的文献资料，请市教科所研究人员指导，经认真研究，确定以改进数学作业的量和质，提高练习效果作为研究主题。

（2）文献探讨

确定研究主题后，他广泛深入地收集与改进数学作业相关的各种资料，从中获知数学作业的目的、形式、作业量与练习效果的关系等相关理论。

（3）拟定计划

根据文献及对问题的分析，他确定高一（1）班（中考数学平均分最低班）为实验班，借用观察法、实验法等教育科研方法进行数学作业练习的研究。教学内容为高一第二学期的代数和立体几何的全部知识。

（4）收集资料

姜老师根据研究设计，收集和整理学生对数学作业的意见，发现学生对数学作业的兴趣低落，练习效果不佳。原因是重复练习多，习题偏易，题型单调。

（5）设计假设

根据分析研究，姜老师推出行动假设——对数学作业进行结构调整，即每次作业中模仿性练习题和创造性练习题的比例为 7∶3 或 8∶2，以提高数学作业的练习效果。

（6）实施行动

根据行动方案，姜老师开始进行改进数学作业的实验。他观察并记录了学生的作业时间和作业正确率，发现学困生完成创造性练习题有一定的困难，于是不断调整创造性练习题的难度，使多数学生能通过创造性思考解答出创造性练习题。

（7）评价效果

在实验过程中，该班学生数学成绩逐渐提高。高一第二学期期末年级统一考试，成绩位于年级第二。这表明实验确有成效。最后姜老师撰写了研究报告，总结了成功的经验。

三、 教育行动研究的方法类属

教育行动研究是不是一种研究"方法"，学者们看法并不完全相同。一些学者把它看成一种"类型"，如马云鹏教授提出，严格来说行动研究并不是一种独特的研究方法，而是一种具有特殊研究目的、研究情境、研究人员以及研究程序的研究类型①。蔡清田也有类似看法，他认为"行动研究"只是一种与"基础研究"及"应用研究"并列的研究类型之一。换言之，行动研究是一种研究类型，是一种研究的态度，而不是一种特定的研究方法技术②。

汪利兵认为，对于行动，有人认为它是一种研究方法，也在人认为它是

---

① 马云鹏. 教育科学研究方法 [M]. 长春：东北师范大学出版社，2001：198.
② 蔡清田. 教育行动研究 [M]. 南京：南京师范大学出版社，2005：29.

一种工作态度；有人认为它是一种教师专业成长方式，还有人认为它是一种组织与管理方式。其实这些观点都没有错，只不过每个人看问题的角度不同罢了①。

我们这里是把教育行动研究作为方法来介绍的。正如施铁如所说，由于事实上，调查、观察、测量、统计等许多科学的方法都会运用到行动研究中来，所以，许多人认为还是应把它接受为研究方法②。

为了正确地运用教育行动研究方法，我们就必须对这种方法的范式、类型以及可以采用的操作技术做一个全面分析。

（一）教育行动研究采用质性研究范式

"范式"一词来自美国科学哲学家库恩，是指研究者能对共同研究的课题使用大体相同的语言、方式和规则，形成一种解决问题的"标准方式"。实际上，"范式"可以理解为"具有共同典型特征的方法的集合体"，它是开展科学研究的基本方法或者说是研究者用以分析世界的"思想之窗"。

1. 教育研究中的两种基本范式

《国际教育百科全书》主编、瑞典教育家胡森指出，教育研究在 20 世纪经历了两种范式间的冲突。一种范式是模仿自然科学，强调适合用数学工具来分析的、经验的、量化的观察，研究的任务在于确立因果关系，并做出解释。另一种范式是从人文学科推衍出来的，所注重的是整体和定性信息以及理解的方法。这就是长期被视为对立的两大范式——"实证主义范式"和"自然主义范式"。20 世纪 80 年代，美国一些学者也将这两种范式称为定量研究和定性研究，并展开了持久的"范式之争"。

我国学者认为，教育科学研究一般来说有两种基本范式，一种是以事实

---

① 汪利兵，等.教育行动研究：意义、制度与方法 [M].杭州：浙江大学出版社，2003：2.
② 施铁如.学校教育研究导引：方法、思路与策略 [M].广州：广东高等教育出版社，2004：189.

研究为主导的实证性研究范式，一种是以价值研究为主导的非实证性研究范式。实证性研究包括定量研究、实验研究、调查统计分析研究和逻辑分析研究，等等；非实证性研究包括分析描述研究、文献研究、质的研究、思辨研究、解释学研究，等等①。

• 质性研究

质性研究（或称质的研究），其特点可用西方学者威廉·维尔斯曼的话来表述，即"为特定的情境中的教育系统、教育过程以及教育现象提供完整和科学的描述。"质性研究不同于实证研究，就在于"质的研究的探究程序是开放的、机会式的，研究者应是具有弹性的、易适应的人……质的研究方法是不完全规则，且是不可标准化的……"我国学者陈向明认为，质的研究的最大特点是具有强烈的人文关怀和平民意识，在自然情境下对个人的"生活世界"以及社会组织的日常运作进行探究，提倡研究者对研究情境的参与，直面实事，与研究对象共情，对他们的生活故事和意义建构做出"解释性理解"，对事物的复杂性和过程性进行长期、深入、细致的考察②。朱永新、袁振国等把质性研究的基本特征概括为两个方面：一是现象描述、整体归纳、主观结论，二是突出自然环境和现场性的研究条件。在行动研究中，很多研究都采用质性研究范式。

• 实证研究

实证研究是一类以事实研究、定量分析为主要特征的研究，它强调的是，以实践中所发生的事实来证明结论，并包含着明确数量分析的要求。行动研究的实证研究主要包括调查、实验、测量等方法。

近年来教育研究的方法呈现向重视实践的、质的研究转变的趋势，强调其人文性特点。但是从教育研究方法的多元性、综合性视角来看，实证研究具有多角度掌握资料，研究结果客观真实，能够帮助教师在研究中收集掌握更多第一手的资料，更好地归纳提炼研究成果，更有把握地得出研究的结论

---

① 朱永新，袁振国. 中国教师：专业素质的修炼 [M]. 南京：南京师范大学出版社，2003：244.
② 陈向明. 在行动中学作质的研究 [M]. 北京：教育科学出版社，2003.

等长处，其作用无可替代。

质性研究同实证研究确实有明显的区分。"尽管在定量研究和定性研究的概念和方法上存在不同，但这种区别就实施研究来说不是两分的，而是一个定性定量的连续统一体。""这两种研究类型都是有价值的，事实上，对于理解影响教育的诸多因素，它们二者是相辅相成的"①。

2. 教育行动研究以质性研究为基本范式

我们把教育行动研究归入质性研究的范式，是因为它具有质性研究最基本的特征：它是在学校这一具体情境中，由实践者（校长和教师）进行的"开放"的对日常行动的探索，它并没有规定用精确的数量分析来证实某种因素关系，而是要求研究者通过对实践经验的整体归纳和理论概括，形成一种带有明显主观性的认识与结论。当然，行动研究并不排除采用某些实证研究的方法。

关于教育行动研究所采用的基本范式，我们可以从表1-3的比较中了解得更清楚。

表1-3　行动研究与一般教育研究的比较②

范　围	一般教育研究	行动研究
1. 需 要 的训练	在测量、统计学和研究方法方面需要接受广泛的训练	由于无须严格的设计和分析，所需的统计学和研究方法的训练不必很多
2. 目的	获得可普遍应用于总体内较大范围的结论；发展与检验理论	获得能直接应用于当地小范围情境的知识；训练提高教师的研究能力
3. 课 题 的确定	以各种方法确定课题；研究者必须了解问题，但通常不直接涉及其中	从学校情境中研究者所遇到的教育教学方面的困扰来确定课题

---

① 威廉·维尔斯曼. 教育研究方法导论 [M]. 袁振国，译. 北京：教育科学出版社，1997.
② 施铁如. 学校教育研究导引：方法、思路与策略 [M]. 广州：广东高等教育出版社，2004：189-190.

范　围	一般教育研究	行动研究
4. 假设	需要提供可操作化处理和检验的特定假设	常常把问题的特别说明作为假设，但从理想角度看，其假设应接受正式研究所要求的严谨程度
5. 文献查阅	需广泛查阅资料，以对所研究课题的领域有充分的了解	给教师阅读可用的间接资料，使他对所研究的领域有一般性的了解
6. 抽样	从研究总体中获取随机的或无偏见的样本，但常常难以圆满做到	通常以学校、班级中的教师或学生作为研究对象
7. 设计	研究之前，进行详细设计；注意维持比较所需的条件，控制无关变量，以减少误差	研究之前，按一般方式设计；研究期间，可以做出变化，看其是否有利；在条件控制和降低误差方面要求不高
8. 测量	选取最有效的测量工具；研究前要对测量工具作预测试验	无须对测量工具进行严格的检验；参与者不一定要有测量方面的许多训练，在专家的指导下进行即可
9. 资料分析	要求有复杂的分析，强调统计上的显著性	简单分析即可，强调实际意义上的显著性而不是统计意义上的显著性
10. 结果应用	结果可以普遍应用，但由于研究人员与教师在训练和经验方面的差异所造成的沟通问题，使许多有用的成果无法应用于实践	结果可立即应用于研究者的工作情境中，导致持久性的改变，但其应用范围往往局限于所研究的情境

（二）教育行动研究所属的研究类型

教育科学研究可以按不同的分类标准划分出许多类型。

1. 教育行动研究是一种应用研究

按照研究的目的来划分，教育科学研究可分为基础研究、应用研究和发展研究。

基础研究是指向普遍性问题的，它可以为现有的教育科学知识体系增添新的内容。应用研究是指向特定问题的，它以解决实践中的具体问题为旨归。发展研究则是运用基础研究和应用研究的成果，对教育活动进行预测、规划，或对某项教育内容与方法做出重大变革、创新的系统的创造性研究。特拉弗斯曾这样分析过：基础研究旨在增加科学知识和组织体系，并不一定会产生直接具有实践价值的结果。应用研究则旨在解决直接的实际问题，增加科学知识的目的是第二位的。威廉·维尔斯曼则指出：基础研究与应用研究，并非从它们的复杂程度或价值，而是从它们的目标或目的来区分的。

教育行动研究是以解决教育实践中的具体问题为目的的研究，它强调对基层当下实际问题的解决而很少关心研究结果的普遍适用性。它关注的问题起源于当前对实践的关注，目的是得出一种能直接运用于实践工作的结果。这种方法常被关注课程发展的教育研究者所使用。与之相对的是纯研究，它强调的是增加人类知识的储备，而不是改进被研究的实践情境。

2. 教育行动研究是一种现场研究

按照研究的场域划分，教育科学研究可分为"书斋式"的研究（亦可称为文献研究）与现场研究。

文献研究主要通过查阅文献获得资料，并通过自己的思维加工而取得研究成果。其工作的场域与方式是"书斋式"的，在这种研究中，研究者作为旁观者与思考者不一定直接接触教育实践。现场研究则必须进入教育的现场，取得第一手资料（文献分析是把握研究起点和动向的第二手资料），在参与实践和解决问题中进行研究。一般来说，教育行动研究是在教育活动的现场进行的，研究者直接从行动中获取资料和结果，较好地体现了研究与实践的一致性。

3. 教育行动研究是一种中、微观的研究

从研究涉及的范围来划分，教育科学研究可分为宏观研究、中观研究和微观研究。

宏观研究，指对重大理论和实践问题的研究，涉及范围广，人员多，影响大，难度高。微观研究，指对比较具体、操作性和可行性比较强的问题的

研究，可以是小的理论问题，也可以是具体的实践问题。中观研究，指研究问题介于宏观和微观之间的研究，既具有一定的理论性，又具有一定的可行性，有一定研究实力的单位可以完成。

许多研究者都指出，教育行动研究在规模与范围上都有一定的限制。朱永祥认为，"行动研究是对实践活动所采取的小规模的干预，以及对这一干预结果所作的反思或检查"。王坚红在《学前儿童发展与教育科学研究方法》一书中提出："行动研究是一种适应教育改革的小范围探索性的研究方法，其目的不在于建立理论或归纳规律，而在于系统地、科学地解决问题。"所以，相对宏观研究而言，行动研究一般较少涉及教育与政治、经济、文化体系之间的关系与联系，而更多地关注学校内部进行的活动，如学校管理、班级工作、思想教育、学校课程与教学、学生发展与师生交往等，因此多属中、微观研究。

（三）教育行动研究综合运用各种具体方法

虽然许多学者都将教育行动研究归入质性研究的范式，但由于行动研究的主要目的是改善实践，这种"应用"的特点使行动研究成为一种颇具兼容性和开放性的研究方式。从事行动研究时研究者要根据实际情况选择适合解决问题的方法和途径，需要兼用多种研究方法，诸如个案研究、教育观察、调查研究、经验总结、实验研究、比较研究、文献研究、教育测量等，凡是能够改进行动的方法都可以运用。

那么，教育行动研究在综合运用各种具体研究方法时，要注意哪些基本的原则呢？

1. 坚持问题解决的导向

著名教育专家陈桂生教授在其主编的《到中小学去研究教育——"教育行动研究"的尝试》一书中强调，教师的行动研究要"从工作中的实际问题出发，以解决实际问题为目的"。他把这种研究称为"问题研究"。有的学者认为，作为应用研究的教育行动研究，其特点可以概括为：以问题解决为导向，以教师实际工作中的问题为题材，重视与校外专家的伙伴关系，重视研究过程给教师观念与行动带来的变化与改进，是一个循环往复、不断修正的过程①。什么是"问题"？1945 年格式塔心理学家就提出了一个至今仍可采用的定义：当一个有机体有一个目标，但又不知道如何达到目标时，就产生了问题。当代认知心理学家把问题解决视为一系列的有目的指向性的认知操作过程。

问题解决的取向主要有三个基本方面。

• 把"问题"作为研究的主题和课题

教师的行动研究从发现身边的问题起步。这里的问题是指教师将工作中碰到的困惑和矛盾提炼成可以开展研究的主题并着力去解决的问题。它可以是比较规范化的课题研究，也可以是比较简化的专题研究。那么，问题在哪儿呢？问题是客观存在物，关键是教师头脑中是否有积极的研究问题的意识和发现问题的策略。前者是教师发现问题的原动力，它建立在对解决某一问题的好奇心、责任感和探索精神基础上。而发现问题的策略，一是建立在充分认识自己的基础上，包括自己的优势、特点与不足，二是建立在开拓视野的基础上，包括掌握周围环境的信息与前沿的理论，找到两者的结合点②。

总之，教育行动研究就是为了教师和学校自身问题解决而寻找资源的支持，进行探索与创新的"发现问题—解决问题—再发现新问题—再解决新问题"的螺旋式上升的过程。

• 在解决问题的行动中增长实践智慧

把教育中的问题"课题化"以后，紧跟着就是"行动"，即"把想到的做出来，把做着的写下来，对写下来的进行再探索"。我国学者顾泠沅教授从教师的专业发展出发，提出一个"行动教育"的模式。他把"行动教育"的模式划分为三个阶段，即关注个人已有经验的原行为阶段，关注新理念支撑下

① 汪利兵，等．教育行动研究：意义、制度与方法［M］．杭州：浙江大学出版社，2003：9.
② 郑慧琦，胡兴宏．教师成为研究者［M］．上海：上海教育出版社，2004：18.

的新设计阶段，关注学生获得的新行为阶段。承接这三个阶段的是专业引领下的两轮合作反思，即：反思已有行为与新理念、新经验的差距，完成更新理念的飞跃；反思理性的教学设计与学生实际获得的差距，完成理念向行为的转移。此后，他又根据新的试验，把"三个阶段，两次反思"进一步简化为"一个课例，三个讨论"。他和他的合作者进一步提出了基于课例研究的行动教育模式，旨在通过课例来整合行动研究和理论学习，避免以往行为跟进的缺失和疏忽，并认为课例研究是促进教师和研究者有效合作的载体，教师在以课例为载体的行动研究中成长为研究者。

• 在新情境中创造性地运用问题解决的成果

校本教研以问题解决定向，具有贴近教师工作、能产生直接效应、针对性强等特点。但问题解决总是与特定的情境相联系，问题解决的本身并不能保证这种局限性的经验产生广泛的适用性，不一定导致向其他领域的迁移。因此，只有当某种问题解决的成果经过"由'个'及'类'"的概括化，内化为教师的智慧和能力时，才真正成为教师提高专业发展水平的内在资源。而促使解决问题的特定经验向教育的多个领域产生迁移的重要条件是，教师在多样化的、新的情境中灵活地、创造性地运用已有的研究成果，并伴随着对已有经验的加工和改组，促使外在操作性经验向内在素养转化。教育行动研究中重视经验分享、交流互动、行为改善，其旨意也在于此。

2. 发挥研究主体的作用

教育行动研究的主体是教育工作的实际承担者——校长和教师。正像有的研究者所指出的，教育行动研究可以说是"教师的研究"，而不是"专家的研究"。教师在教育行动研究的过程中需要专家的协助和指导，但是这种协助和指导是以教师自身的研究需求为出发点的。只有当教师在研究过程中出现问题或困难时，专家才适当地介入，而且这种介入最好是一种"一对一"和"现场式"的介入。教师作为教育行动研究的主体，不仅应当成为研究的"局内人"，主动地"参与"，而且要学会提出自己的问题，运用自己的智慧，通过自己的探索，形成自己的见解，改进自己的行动。

在教育行动研究的实施中，一定要区分清楚教师的教育研究同专业工作者的教育研究之间的如下区别。

• "改进教育的研究"与"描述和解释教育的研究"

教师的教育研究主要是一种直接指向实践、重在改进教育的研究；理论工作者的教育研究主要是一种以理论为取向的、重在描述和解释教育的研究。可以说，前者指向变化中的教育现实和教育未来，而后者指向教育的过去，解释教育的现实。

• "教育之中的教育研究"与"教育之外的教育研究"

理论工作者也研究实际的教育问题，但受条件限制，他们往往只能以旁观者的身份，在教育之外研究教育。而教师就是教育过程的当事人，能够自然地以参与者的身份，在教育之中研究教育。

• "为了教育的研究"与"关于教育的研究"

理论工作者直接的研究目的在于促进教育知识的增长，他们的研究是"关于教育的研究"；教师直接的研究目的是改进教育工作，他们的研究是"为了教育的研究"。

总之，教师的教育研究是教师自己的事情，不必为了取悦理论界，勉为其难地仿效他们的研究方式①。

3. 体现校本研究的要求

教师的教育行动研究一般都是在学校这一小范围内进行的，是一种"为了学校、在学校中、基于学校"的"校本研究"。校本研究要求教师选择那些适合应用于学校情境、能解决学校实践中的各种具体问题的教育研究方法，它是从方法类群中选取出来的具有一定特点的方式、方法和操作技术，它除了合乎一般教育研究的科学性和规范性以外，还应当满足以下要求。

———————————

① 陈桂生. 到中小学去研究教育："教育行动研究"的尝试 [M]. 上海：华东师范大学出版社，2003：13-15.

• 综合与互补

学校中的许多问题都是由许多相关因素和复杂原因纠集在一起的，校本研究要解决这些问题，就必须采用多种方法并使它们产生互补的效应。叶澜教授曾经讲过："教育研究需集人类研究方法之大成。"① 事实上，校本研究并没有一个"专用"方法（校本研究方法常常是各种具体研究方法的集合），教育行动研究方法也综合与包容一些具体的研究方法。

• 适合与能用

著名学者劳丹认为，方法表达的是手段与目的的关系，因此，我们应根据方法的有用性来对待不同的方法。要知道一种方法是否具有有用性，就要看使用这种方法是否能够比不使用它或使用其他方法产生更多的有用信息……在采用研究的方法时，不应以方法为中心，而应以问题为中心②。也就是说，方法服从于目的，有利于学校实践问题解决和教师专业发展的方法，就是好方法。而且，它应当是教师在学校工作情境中有条件和能力去采用的。

• 经济与实效

经济，主要是从运用的"成本"方面考虑。承担着繁重教育工作任务的学校教师，不可能承受太多的资金付出和时间付出，所以有一些样本太大、反复过多的研究方法（如某些大范围、数量精确的调查、实验、测量），事实上是难以采用的。校本教研要"边工作，边研究"，要讲求问题解决的实际效果，最适合选取和运用同工作紧密结合并能促进和改善工作成效的研究方法，尽可能少花些经费与时间，最大限度地推动学校工作水平和教师专业素质的提升。

• 局限与超越

教师运用教育行动研究方法进行教育研究时，常常出现两个误区：一是忽视教育行动研究中多种方法的整合和相互补充；二是忽视理论在行动实践与经验概括中的作用。

---

① 叶澜.教育研究方法论初探 [M].上海：上海教育出版社，1999：325-332.
② 施铁如.学校教育研究导引：方法、思路与策略 [M].广州：广东高等教育出版社，2004.

应当承认，教育行动研究方法自身存在某些局限，这就要求它同其他方法相互配合和补充。蔡清田教授指出，教育行动研究具有实务的限制性、时间的限制性、类推的限制性、资料的限制性等。郑金洲教授认为："行动研究常以具体实际情况为限，研究的样本受到限制，不具有代表性，对自变量的控制成分很少，因而内外部效度显得都有些脆弱，在某些方面不符合科学的严格要求。考虑到这一点，行动研究不能取代其他的研究方法，而只能作为其他研究方法的一种补充。"①

陈桂生教授也指出："从反思的教育行动研究中获得的理性认识，形成某种书面的研究成果，由于它源于实践，较为生动，有生活气息，能给予人们一定启发。但它毕竟受到特定教育情景的局限，一般缺乏普遍的指导意义，故反思的教育行动研究代替不了实证-实验的教育研究与解释学的教育研究。"②

最后，还要特别提到的是，教育行动研究不能只有"教育行动"而没有"教育研究"。"行动"与"研究"融合的关键是，在理论指导下实践，在研究状态下行动，把理论与实践紧密地结合起来，努力提高实践经验的理论概括水平。

---

① 郑金洲. 行动研究：一种日益受到关注的研究方法 [J]. 中国高教研究, 1997 (01).
② 陈桂生. 到中小学去研究教育："教育行动研究"的尝试 [M]. 上海：华东师范大学出版社, 2003：6.

第二章

教育行动研究为什么特别适合教师采用

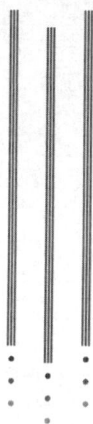

教师工作具有复杂性、创造性等特点，这使教师的学习带有研究的性质。教师职业的独特性突出地表现在其具有其他同等学力的人所不具备的丰富的教育教学知识和课堂教学技能。"教师即研究者"正在促进教师学习与研究的一体化。

我们正步入一个急剧变化的时代，发展与变革成为时代的主题。著名的教育学者富兰和迈尔斯说过，任何变革都不如大大提高个人和组织了解与应付变化的能力更重要。英国学者依恩·麦吉尔与利兹·贝蒂这样形容人们的学习："在这个变化的世界里，前辈走过的路不一定值得你再重复，你可能面对的是新的游戏规则，并且这些新规则还必须让我们去发现和知道。于是，现在的学习就成了一个永无止境的探索、质疑和实验的过程。"① 学习成为一个名副其实的"从摇篮到坟墓"、与人类相伴始终的过程。

教师工作具有复杂性、创造性等特点，这使教师的学习带有研究的性质。"教师即研究者"正在促进教师学习与研究的一体化。联合国教科文组织在1979 年发表的一份报告中指出：从教师在教育体系中的作用看，教师与研究人员的职责逐渐趋向一致，教师职业的独特性突出地表现在其具有其他同等学力的人所不具备的丰富的教育教学知识和课堂教学技能。教师的教育行动研究正在进入"校本教研"，成为促进教育改革、推动教师专业发展的最适合的一种形式。

一、　学校工作的改善与教育行动研究

教师专业实践和专业发展的基本环境在学校。教师工作总是围绕学校工作的改善而展开的，在这一过程中教师也获得发展。

教育行动研究的目的是解决学校工作中的实际问题，改善学校的教育教学实践。通过教育行动研究促进学校工作的改革是全方位的，包括学校的办学思想、管理行为、文化建设、课程与教学改革等。

---

① 依恩·麦吉尔，利兹·贝蒂. 行动学习法 [M]. 北京：华夏出版社，2002：190.

（一）教育行动研究提升学校办学水平

学校办学水平的提升一般表现在先进的办学理念、准确的学校定位、科学的育人模式以及鲜明的学校特色等方面。但这诸多方面都不可能"从天上掉下来"，学校和教师需要认真、严肃和艰苦的学习、思考、探索和总结，需要在正确的理论指导下进行自觉的"行动"，需要通过"理论假设—实践验证—经验概括"的循环往复使教学逐步臻于新的水平。我们从下面的实例中可以看到教育行动研究对推动教育改革、形成特色育人模式的作用。

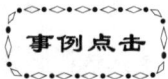

事例点击

上海市闸北八中的"成功教育"研究

一、"成功教育"研究的概况①

成功教育是旨在使学习困难学生获得诸方面成功的一种教育。

（一）成功教育思想的基本内容

1. 承认学习困难学生同其他学生一样，具有很大的发展潜能，他们的困难是暂时的，是可以克服的，他们也有获得成功的愿望和需要。教师应对学生的成功抱有热情和期望，坚信每名学生都能成才，并通过教育的改革，使这种可能变为现实。

2. 学习困难学生形成的主要原因是，他们在学习过程中因反复失败形成了失败者心态。成功教育积极为学生创造各种成功的机会和条件，诱导学生在教育、教学过程中发挥自己的潜力；通过不断帮助学生成功，以成功后的欢乐和满足来强化学习动机，改变自卑心态和调动学习的积极性，主动内化教育要求，启动和形成学习内部动力机制。

3. 成功教育的教育、教学过程的基本特点是根据学生实际，调整教育、

---

① 刘京海. 成功教育 [M]. 福州：福建教育出版社，1993.

教学的要求、进度，"低起点、小步子、多活动、快反馈"，从而使教育、教学过程具有针对性、可操作性和实效性。

4. 成功教育坚持对学生实施鼓励性评价，其从学生原有的基础出发，发现和肯定学生的每个进步和成功，促使学生发现自己，看到自己的力量，找到自己的不足，满怀信心地不断争取成功。

5. 成功教育注重非智力因素的培养，以期使学生的非智力心理品质不断得到改善，特别重视学生的自信心、意志力、成就动机培养。成功教育认为，非智力心理品质培养既是提高教育质量的手段，也是培养人才的目标之一。

6. 成功教育的目标是追求学生在原有基础上的发展，追求学生个性的全面发展和社会适应能力的提高，培养学生成为学习的成功者，进而为其成为社会的成功者做好基本素质的准备。

（二）成功教育的命题

成功是教育理所当然的价值标准与动力之源；

每名学生都有获得成功的需要和潜能；

通过教育，每名学生都可以在原有基础上获得成功；

成功是成功之母；

面向成功，走向成功。

（三）成功教育的基本原理

发展动力论原理；

整体素质论原理；

主体生成论原理；

正效价值论原理。

（四）成功教育的基本原则

目标性原则——开发学生动力系统；

工具性原则——强化成就意识；

活动性原则——以活动为中心；

过程性原则——循序发展。

（五）成功教育的基本要素

期望；

机会；

评价。

（六）成功教育的实施要点

教育观念的转变和教育管理改革；

成功教育的德育改革；

成功教育与学科教学改革。

二、"成功教育"与教育行动研究

闸北八中"成功教育"的教改实验，从学生实际出发，以提高合格率和巩固率为基本设想，制订"低起点、小步子、多活动、快反馈"的总体计划。在具体计划中，首先修改教学计划，重新提出教学要求，以适应本校大多数学生基础较差的特点；其次，改进教学方法，改教师讲为学生练，增加学生动手动脑的机会；再次，要求学生当堂将所授内容做出掌握与否的反馈，同时，以此反馈来调整和修改教师的教学进度和计划；最终使学生在原有水平上得到大幅度的提高，某些学科的统考成绩甚至名列全区前茅，并以这一实验的成功作为整个研究计划的结论。

成功教育以解决实际问题为目的，由研究人员和教师、行政人员等组成研究小组，以实际问题的解决为终结。因此可以说，成功教育的成功，在一定程度上是运用行动研究法的结果。

（二）教育行动研究促进学校文化建设

习近平总书记在党的十九大报告中指出，文化是一个国家、一个民族的灵魂。文化兴国运兴，文化强民族强。学校文化是主流文化下的一种亚文化，学校办学的价值取向和学校群体的生活方式，都反映在学校文化中。对学校建设而言，学校文化是学校中最重要的"软件"。随着新课程的推进、教育改革的深入，人们越来越深刻地认识到学校文化的建设是学校改革与发展的核心。著名教育改革研究的专家富兰讲过，重大的改革不是实施单项的革新，而是变革文化的结构。我国课程理论家钟启泉教授也提出，学校文化的转型意味着"学校组织的发展"，亦即学校具备持续发展的能力，解决自身的问题。

那么，什么是学校文化呢？

所谓文化，是指人类的生活方式。我国学者季苹指出，对文化有两种理解：一种是把文化看成人类物质财富和精神财富的总和；另一种是把文化的核心或者狭义文化视为人的价值判断与追求。她还把文化比作一棵"生命之树"，学校中具体的物质、行为、制度、精神的状态是生命之树的叶子，学校中大多数人对待物质、行为、制度、精神的态度和方式是生命之树的主干，学校所在地区的本土文化以及行政文化是生命之树的土壤[1]。由此可见，学校文化的建设是关系学校改革与发展方方面面的一项基本建设。

那么，教育行动研究与学校文化又有什么关系呢？

我国教育专家马云鹏在谈到课程改革与学校重建时提出，新一轮基础教育课程改革蕴含着全新的学校文化要素，那就是学习、开放、交往、研究[2]。美国学者亨德森等人认为，革新的（生态的）学校文化的核心是一组共享的价值和信仰，它应该体现如下概念：①开放、多向、诚信的沟通形式；②互助合作的社群观；③持续对话与深思熟虑；④根据计划与实际积极地探讨和解决问题；⑤个人与团体的反思与行动。显然，教育行动研究所具有的参与、合作、反思、学习、研究、互动等特征，正好为学校文化建设提供了最合适的元素。

---

① 季苹."学校文化"的反思与再建 [J]. 人民教育，2004（02）.
② 马云鹏，马延伟. 课程改革与学校文化重建：一所学校的个案研究 [J]. 教育研究，2004（03）.

（三）教育行动研究广泛应用于学校各工作领域

教育行动研究在学校中的应用极为广泛，只要有自觉的教育行动的地方，就可以进行教育行动研究。事实上，行动研究已经和课程改革、学校教学革新、教师专业成长、质的评鉴等结合起来，成为引导学校教育革新的一种途径。它不仅能解决学校教育中的各种实际问题，而且能使教育在研究经验中获益。

从已有的实践经验看，教育行动研究已经进入教育活动的许多领域。正如台湾学者蔡清田所说，教育行动研究的范围，包括教育行政管理、学校经营措施、课程研究发展、教学方法、学习策略、学生行为改变、学习态度与价值、教师在职进修、教学媒体的制作、设备器材的规划使用、班级经营等教育实务效能的提升与评鉴程序等。特别是教育行动研究往往强调以学校或教室内亟待改进的实际教学活动为研究内容，以改进教育活动为目的①。

具体而言，教育行动研究已运用于以下诸多方面：

（1）教育决策、行政管理、教育评议与学校经营等；

（2）课程行动研究，如课程设计、课程实施与变革、教学资源开发等；

（3）教学改革与创新，特别是课堂教学策略与方法的探索；

（4）班级工作，如班集体建设、思想品德教育等；

（5）学生研究，如学生的思想与行为、个别教育、心理辅导等；

（6）教师的专业发展，如教师的学习、进修、反思与研训等。

事例点击

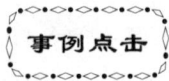

新课程　新行动　新研究
——行动研究机制促进学校课程改革的实践

联合国教科文组织浙江大学 APEID 联系中心"建立行动研究机制，促进

---

① 蔡清田. 教育行动研究 ［M］. 南京：南京师范大学出版社，2005：29.

学校改革与发展"项目的试点研究，在我校开展已经一年有余，取得了一定的收获。在行动研究项目第二阶段的实施过程中，我校课题组的老师充分运用行动研究，发挥他们的学科教学优势，关注新形势下教师的教与学生的学的问题，关注教学方法和教学手段的改进。从本学期教师的选题和课题的研究来看，准备较充分，研究范围较广，有语文、数学、音乐、美术、班级管理等，并把"实施课程改革，落实观念转变，开展行动研究，进行课堂革新，提高教学效率"作为学校行动研究的口号，通过行动研究把新课程改革的思想贯彻到课堂教学中，使行动研究成为教师转变教学观念、实施教学新策略的有效途径和方法。学校课题组的工作定位是努力走进新课程，展现新行动，开展新研究，力图跟上课程改革的步伐。

开展观念大讨论——行动研究的新起点

我们组织教师围绕学校教育改革开展学习和讨论，鼓励教师审视并研究自己的教学，研究教法、学法、教材，尤其研究自己的学生，研究新课程的要求、新课程理念与传统教学的冲突等；还鼓励教师对课堂教学中发生的与传统观念相碰撞的一系列现象进行讨论，讨论师生关系、教学方法的差距、教学内容的差距、教学要求的差距、教学评价的差距，提倡教师能够反思自己的实践，积累经验，在探讨中形成新的理念，并以此作为行动研究的起点。许多教师的研究文章都体现了这一点——教学行为的变化来自观念的更新。通过讨论研究，大家认为，从行动研究的过程来看，新课程的要求与教学实践之间的矛盾是问题的生长点，推进新课程改革是解决问题的意义，归因是新课程为什么要进行改革——学生的原因、教师的原因、教材的原因、教学手段方法上的原因等。所以，对新课程改革的实践研究还是要依靠行动研究的方法。

落实新课程理念——行动研究的导航灯

新课程、新理念必然带来教学的变革，因为教学是课程实施的主要途径，没有教学改革的课程改革，充其量只能局限于教科书的更替。教学改革必然涉及两个方面：教学理念的改变与教学策略的革新。首先，我们依托行动研究，积极开展校本培训，促进教师教学理念的改变与教学策略的革新。我们围绕新课程改革的内容要求，积极研究新课程标准下的教师教学方式、学生学习方式，重新定位教师、学生、教材，真正使新课程改革的观念、责任、研究、行动、方法、效果、评价诸方面全部到位，并把经验交流、案例分析、课堂研讨、课题研究交流作为校本培训的内容加以挖掘，真正吃透新课程理念，与新课程共同成长。

开展新课程教学改革——行动研究的目的

行动研究的主阵地在课堂，课程改革的重心也在课堂，围绕基础教育课程改革，处理好行动研究与新课程改革的关系，主要体现在以下几个方面：教育的目的越来越明确，形成了以关注学生的发展为宗旨的教育价值观；课堂教学重点从知识传授转向促进学生发展；行动研究的操作性越来越强；教师的研究范围从研究班集体管理、学生的个性发展、学习行为习惯，全面转向研究新课程教学改革；教师们对行动研究的积极性越来越高，课堂教学行动研究使教师时时处在研究中，无时无刻不在搞科研，从而养成一种研究的习惯；行动研究赋予课堂教学实践以新的生命力。教学不是仅仅按照教材和备课要求完成教学任务而已，教学没有统一标准，标准只能在教师自己的实践中摸索产生。所以，教师在课堂教学中按照新课程改革的要求开展行动研究，才会更加有效。

探索教育教学理论——行动研究的生命力

通过一年多的培训、宣传和专家指导，行动研究这种科研的手段已在我校生根开花，并培养了一支科研型的教师队伍，学校开展行动研究的目标也已初步实现。但针对课程改革，新课程的理论研究充满生机和挑战，需要我们教师积极探索。厚厚的教师行动研究文集体现了教师们确实已在扎扎实实开展实践研究，所以才有那么多的话要说、要写。以前，教师写文章，往往从自己的经验出发，做了很多，但不知怎样总结，不知如何提高到一个理论的高度，所以写出来的文章也往往缺乏深度。在行动研究过程中，通过查找资料、问题归因、评估反思等手段，教师对新课程研究的思辨性、逻辑性提高了，为新课程改革积累了经验。

教师的成功不仅仅体现在学生的成功上，还应该体现在自己的专业成长上。每名教师都能在新课程改革的教育理论探索中留下宝贵的印记，是行动研究赋予我们的经验和财富。

[资料来源：汪利兵. 教育行动研究：意义、制度与方法. 杭州：浙江大学出版社，2003：81.]

二、　校本教研的推进与教育行动研究

校本教研是伴随新课程推进而兴起的一项学校教学制度。我国学者余文森提出，将教学研究的重心下移到学校，建立与新课程相适应的以校为本的教学研究制度，是当前学校发展和教师成长的现实要求与紧迫任务，也是深化教学研究改革的方向和重点。以校为本的教学研究，以促进学生的发展为宗旨，以课程实施过程中学校所面对的各种具体问题为对象，以教师为研究的主体。它是一种在理论指导下的实践性研究；它既注重切实解决实际问题，又注重概括、提升、总结经验和探索规律。①

（一）教育行动研究凸显校本教研的特点

校本教研是一种"为了学校、在学校中、基于学校"的教育研究活动。校本教研的基本理念可归结为两个方面：关注学校发展、研究回归实践。校本教研是中小学教师从事的实践性研究：从研究的问题来看，中小学教师研究的问题直接来自他们在教育教学实践中的需要；从研究的过程来看，中小学教师的研究是在自己的教育教学过程中进行的，并与自己的教育教学活动

---

① 余文森. 论以校为本的教学研究 [J]. 教育研究，2003（04）.

不可分割地交织在一起；从研究的目的来看，中小学教师的研究主要是为了解决教育教学实践中的问题。很明显，校本教研的性质与教育行动研究的旨趣是完全一致的。校本教研的基本特点也同教育行动研究存在着如下一致之处。

1. 校本教研是以改进实践为中心的问题解决研究

校本教研活动是在学校的教育情境中进行的，紧紧地和教师的工作实践贴合在一起。它是以解决学校和教师"自己的"问题为中心，确定研究的主题和课题，开展形式多样的、能实实在在地促进教师发展、疏解教师的困惑与矛盾，求得工作改进的教研活动。

2. 校本教研是以教师为主体的"解放"的行动研究

教师是校本教研的主体，他们深度参与，有明确的目标和自觉的追求，他们主导着研究的主题和方向，并且积极"行动"——把想到的做出来，把做到的说出来、写下来，把写下来、说出来的再进行探索与发展。他们做这种"行动"，具有自我"解放"的性质，可以使他们从那些无效的知识中解放出来，并意味着他们确信自己的能力能够构建知识和改进实践。

3. 校本教研是诉诸经验反思的自我开发研究

教师的经验是教师在亲身感受和实践探索中积累起来的"缄默知识"和"实践智慧"，是教师取得工作绩效和自我发展的基础条件。但经验有时也带有"惰性"并存在某种局限，因此，经验需要"自省"与"反思"，没有经过反省的经验是狭隘的，教师的成长等于经验加反思。因此，校本教研要组织各种推动教师进行反思的活动，使教师能够自省，提升和重构自己的经验，这实际上是教师对自身潜能和资源的自主开发。这种自我开发在形成学校文化和实践共同体的精神财富方面具有极其重要的意义。

4. 校本教研是群体性的互动与合作的研究

校本教研要动员学校教师广泛参与，并且常常在学校的实践共同体（如学校教研组、年级组等）中进行，这种研究充满同事之间的相互支持、交流对话和经验共享。所以，合作与互动是校本教研的重要特征，而且这种合作与互动也不限于校内。学校作为一个与外界进行能量与信息交换的系统，必须是"开放"的，因此校本教研中，学校教师同校外专业人员的对话与交流，学校与学校、地区与地区之间的协作与互助，以因特网为平台的学习与沟通，都是十分重要的。

5. 校本教研是基层学校组织的非专业化研究

校本教研定位于"校本"，是基层学校组织的、以本校教师为主体、为解决学校建设和教师发展中的突出问题而展开的，这就决定了它具有"非专业化"和"草根化"特征。也就是说，它是"边工作，边研究"，研究附属于工作并成为工作的一个组成部分。这种研究带有明显的"平民化"与"草根化"的意味，教育工作中的"细节"，日常实践中的"微小事件"，学校生活中的感悟与体认，都可以构成这些"平凡人"的特有话语。而这种研究并不特别钟爱"宏大叙事"，却为教师摆脱"复述困境"和"失语窘态"提供了一个广阔的天地。

从以上的分析可以看出，校本教研的特点都能在教育行动研究中体现出来，因此，开展校本教研采用教育行动研究方法也就顺理成章了。

（二）教育行动研究支撑校本教研的活动

一般来说，校本教研是以两种活动形式开展的：一种是课题研究，另一种是教研活动，当然，二者是相互交叉和渗透的。就学校的日常活动而言，以年级组和学科组为单位开展的教研活动，是更贴近教师专业生活的形式，也是同教师的工作任务有着更紧密联系的一种"研究"。于是，教育行动研究也就走进了教师真实的"问题解决"过程，成为改进实际工作的有力支持。

1. 集体备课：教学决策和教学设计的研习

在教研组或备课组这样的"实践共同体"中，围绕一定的教学内容展开交流互动和商议研讨，既可以促进自学，触发灵感，又可以共享经验，相互借鉴。备课是教师工作的重要环节，在备课时教师要进行一系列的决策和设计，这一过程放在工作集体中进行，有利于教师吸取不同的看法和经验来丰富自己，做出更全面的判断，同时促使教师在进行决策比较的基础上，按照自己所教班级的学情，设计出符合自己班级特点的教学计划。各种研究和实践都证明，教学决策和教学设计的训练与研习，不仅可以改善教师的教学行为，还可以使他们对决策的有效线索更加敏感，而这正是专家教师的重要特征。

2. 教研活动：潜在课程与替代学习的载体

学校的教研活动是在一个工作集体，即"实践共同体"中进行的。按照莱夫、温格等人类学家对"实践共同体"的界定，"实践共同体"有共同的历史文化遗产，包括共同的目标、协商的意义和实践，是相互依存的系统，能产生新成员替换老成员的"再生产循环"[①]。像教研组织这类实践共同体内，必然有一些所有成员认同的、不成文的价值追求、操作规范、行事或处理教学问题的传统策略和方法，这就是一种潜在的"学习课程"。莱夫和温格认为，它是"日常实践中学习资源的一个领域"[②]。参加教研活动，就是习得教研组内长期积累起来的共同经验和行之有效的实践模式，这是一种对"潜在课程"的内隐学习。

教研活动也为替代学习提供了舞台。美国心理学家班杜拉认为，"由直接经验导致的所有学习现象，都可以在替代的基础上发生，即都可以通过观察他人行为及其结果而发生"。在校本教研中，以听课为主要形式的相互观摩，以经验交流为主要形式的相互切磋，以主题研讨为主要形式的相互启发，都可以使教师获得替代学习的机会。

---

① J. 莱夫，E. 温格. 情景学习：合法的边缘性参与 [M]. 王文静，译. 上海：华东师范大学出版社，2004.

② J. 莱夫，E. 温格. 情景学习：合法的边缘性参与 [M]. 王文静，译. 上海：华东师范大学出版社，2004.

3. 课堂教学：行为改善与现场探究的平台

教师最经常最主要的工作就是上课。苏联著名教育家苏霍姆林斯基这样写道："课，就是教育思想的源泉所在；课，就是创造活动的源头，就是教育信念萌发的园地。"[①] 因此，教师要把课堂作为一个重要的研究阵地，探索怎样让今天的课比昨天上得好，明天的课比今天上得更好，脚踏实地地逐步改善自己的教学行为。同时，课堂就是教师研究的现场——"田野"，进入现场做好"田野作业"是教育科研的重要方法，观察、干预、尝试、探究、反思与改进都可以展开。著名的课程理论家斯腾豪斯曾在反思课程改革的过程中提出："教师是课程的负责人，从实验主义者的立场看，课堂是检验教育理论的理想的实验室……教师拥有大量的研究机会。"我们应该承认，每个课堂都是一个实验室，每名教师都是教育科学研究的成员。

4. 阶段总结：实践反思与经验提升的论坛

学校工作常常要进行阶段（如期中、期末、学年等）总结，这些总结都要求教师提供口头的或书面的总结报告。其实这是给教师创造了一个回顾和反思自己的实践并展示自我的机会，教师不应当把它当作一种额外负担来随便应付。相反，认真地追忆实践的过程和工作的场景，理出成败得失的表现及相关要素，挖掘经验与问题产生的深层原因，提出改进的设想与计划，这才是最合适的选择。因为抓住这样的机会，教师张扬了自主精神，发挥了积极能动性，激发了内在活力，自主地提升了实践智慧和研究能力。

5. 检查评估：建立规范与促进自律的探索

检查评估是学校根据教育目标、用一定的标准对工作做出的价值判断，它是学校工作必不可少的一环。评估标准作为一种规范，需要通过探索与研究逐步建立与完善，需要用实践加以检验与修正。因此，我们要把检查评估当作校本研究的一项重要内容，把群众教研中获得的成果凝聚为共识，进而形成教学工作中的行为规范，随着对这些新规范的奉行和践履，逐步使它变

---

① 苏霍姆林斯基. 苏霍姆林斯基选集（第 4 卷）[M]. 北京：教育科学出版社，2001.

成教师自律的内在尺度。

（三）教育行动研究推动校本教研的发展

我国蓬勃开展的校本教研正在出现"表达自我""人文范式"和"日常叙述"的研究价值取向。这充分表现在三个方面：一是从强调"验证性"探索到更强调"自我经验"的主动反思、积极生成和创造性表述；二是从追求教育研究的"科学范式"转变为更多地提倡教育研究的"人文范式"；三是从执着教育研究的"宏大叙述"转变为更看重教育研究的"日常叙述"[①]。应当说，校本教研的这种发展走向，正是教育行动研究所追求、所倡导和所践行的。

教育行动研究对校本教研的推动作用表现在以下三个方面。

1. 契合教师专业发展的需要

清华大学史静寰教授认为，以校为本的行动研究的范式契合了我国课程改革背景下教师专业发展的需要，顺应了国际教育研究发展的新特点与趋势，具体表现为：从探索普适性的教育规律到研究自然情境中的教育问题；从注重宏大主题研究到开展个人经验的叙事性研究；从注重理论思辨到关注生活世界的现象解释；从强调自上而下的逻辑推演性研究到注意从下而上的实际案例分析；从强调研究的知识生产功能到注重研究的改进实践功能，等等[②]。显然，史教授的分析把"成事"和"成人"结合起来，突出了这种紧贴教师专业生活、融入教师实践情境的行动研究对教师专业发展的意义。

2. 丰富传统教研活动的内涵

顾泠沅教授在接受《基础教育课程》和《上海教育》记者的采访时提出，在国家课程改革全面推进的大背景下，现在倡导的校本教研在继承传统优秀教研经验的基础上融入了新的内涵。具体而言，当今的校本教研由于应对课

---

① 史静寰. 行动研究：为教师的学习与专业发展赋权 [J]. 基础教育课程，2004（03）.
② 史静寰. 行动研究：为教师的学习与专业发展赋权 [J]. 基础教育课程，2004（03）.

程改革的挑战，发生了如下几方面的转变：从技术熟练取向到文化生态取向；从研究教材教法到全面研究学生、教师的行为；从重在组织活动到重在培育研究状态；从关注狭隘经验到关注理念更新和文化再造。

顾泠沅教授在教育行动研究基础上提出来的"行动教育"模式，就全面地融进了这一新的内涵。

3．创造性运用教育研究方法

教育研究的方法要适应研究发展的需要。校本研究的兴起必然会促进教育研究方法出现新的变化[①]，而这种变化同教育行动研究方法的要求也基本一致。

• 方法多元

在给予实证主义的自然科学研究范式以应有地位的同时，格外关注现实中所发生的教育事件和更多采用人文主义的研究方法。

• 力求可行

在确保研究方法具有必要科学性的同时，尽可能鼓励和支持教师结合实践研究的需要，对研究方法做出必要的变通。

• 彰显特色

在按照共同标准逐步对广大教师加以引导的同时，格外尊重学校教师的个性特点，形成自主的研究和特色。

• 强调整合

在根据研究需要选择一到两种方法作为研究主干方法的同时，格外重视多种研究方法的整合。

• 突出现代教育信息技术的运用

这特别明显地表现在研究开展前对资料的收集利用，以及研究后期采用SPSS统计软件对所收集数据的分析上。

---

① 潘国青．学校教育科研新论［M］．上海：上海教育出版社，2005：34．

三、 教师的专业发展与教育行动研究

从教师作为专业人员和教师专业发展的需要出发，必然会引申出教师成为研究者的观念。这种观念的基本看法是：教师有能力对自己的教育行为进行反思、研究和改进；教师有能力针对自己的教育情境提出最贴切的改革建议。由教师来研究和改革自己的教育实践是教育改革最直接、最适切的方式。外来的研究者对教育的现实情境往往缺乏深入的了解，他们的研究往往不能抓住问题的关键，得不到教师的认同。所以，这一观念特别强调：教师不只是别人研究成果的消费者，教师更应该成为研究者①。教育行动研究正是紧贴教师的专业生活，置身于其中的教育情境，针对工作中的实际问题并以教师为研究主体的一种研究活动，是促进教师专业发展的有效方式。

（一）从事教育行动研究是教师专业特性的要求

1. 教师专业的"扩展"的特性，使行动研究成为"应为"之事

教师职业具有"扩展的专业特性"②。也就是说，教师除了应当具备传统所界定的专业特性（诸如理解本学科的知识及其结构，掌握必要的教学技能等）之外，还必须拥有一种"扩展的专业特性"，即有能力通过较系统的自我研究和对别人经验的研究，通过在实践研究中对有关理论的检验，实现专业上的自我发展。教师的专业发展和素质的不断提高，还会弥散和扩展开来，成为直接影响学生发展水平和学习质量的关键因素；教师的学习与研究越深

---

① 宁虹. 教育的重新理解 [M]. 北京：首都师范大学出版社，2003：138.
② 施良方，崔允漷. 教学理论：课堂教学的原理、策略与研究 [M]. 上海：华东师范大学出版社，1999.

入，对学生影响越大，这种"扩展"和影响几乎是没有边界和止境的。

教师的这种专业特性需要教师把自己的教育教学活动本身作为意识的对象而不断地进行审视、追求、探究与评价，即进行反思。

2. 教师专业的"创造"的特性，使行动研究成为"可为"之事

教师即研究者的早期倡导者布克汉姆曾经表达过这样一种看法：研究不是一个专有的领域，而是一种态度，它与教育本身没有根本的区别。也就是说，研究与教学之间是一种"共生互补"的关系，二者是融为一体的；好教师在研究中教学，在教学中研究。

教育是一种充满活力的实践。教师时时刻刻都在观察和理解自己教育的对象，都在加工和重组教学的内容，都在探索和变革教育的方式，他们的工作本身为他们提供了进行研究的可能性空间。教师的教育实践内在地包含着研究的意义。"应当鼓励教师把自我反思作为他们专业化的研究态度的组成部分。他们应当成为他们自己和他们的学生的优秀的诊断者和观察者。只有这样，他们才能够真正当之无愧地从事教育这一伟大的事业。"①

教师工作具有创造性，学术水平"处于教师生涯的核心"，"教师作为一个学者的工作意味着走出调研，寻求相互联系，在理论与实践之间建立桥梁，把自己的知识有效地传授给学生"。因此，"教学本身是学术成就的最高形式"。教师的工作充满着尝试、探究和创新，教师在教育中丰富、发展并创造着理论。从这个意义上讲，教育研究是教师作为专业人员的一种专业生活方式，是教师在专业工作中自主性和自主能力的最高表现形式。

3. 教师专业的"精神"的特性，使行动研究成为"乐为"之事

教师是从事精神生产的脑力劳动者，他要用自身的智慧去启迪学生的智慧，用自身的品格去涵养学生的品格。这种"精神"劳动的特性，使他们的内在追求和心理满足在工作中具有重要意义。但教师工作又有一定的周期性，长年反复进行的繁细工作很容易引发职业倦怠，苏霍姆林斯基说过："如果你

---

① 宁虹. 教育的重新理解 [M]. 北京：首都师范大学出版社，2003.

想让教师的劳动给教师带来乐趣，使天天上课不至于变成一种单调乏味的义务，那你就应当引导教师走上研究这条幸福的道路。"事实上，许多教师正是从教育研究中获得尊严感、满足感和幸福感的。

我国有的研究者在分析教育研究在"成人"方面的意义时指出，教育研究对研究者的素质有提升作用，具体表现在三个方面：一是作为人的理性活动，教育研究具有丰富人的精神文化的价值；二是作为一种组织行为，教育研究具有激发组织活力、形成组织凝聚力的价值；三是作为个人的探究活动，教育研究具有不断提升人的生命质量的价值。他们认为，在教育研究中，"成事"与"成人"是统一的，即通过改变人来办好事，在成事的过程中成人。①

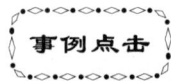

事例点击

教育科研促进教师发展

从普通教师成长起来的当代著名教育改革家、全国著名劳动模范、特级教师魏书生在教育实践中积极开展教育科研，成果累累。他对教育科研情有独钟，深有体会。

为什么同样是教师，斯霞、于漪、钱梦龙、欧阳黛娜等许多优秀教师感觉幸福、快乐，工作充满了新奇感和创造性？重要原因之一在于他们总是从科学研究的角度看待教育教学工作。

教师进行科研，能使他们发现一个新的更广阔的教育教学天地，促进教学效率的提高，同时能收获看得见的科研成果。另外，教师还能在研究过程中获得意志的增强、胸怀的拓展、学识的增长等许多潜移默化的效果。

其实研究过程本身就充满着乐趣。当老师们为自己研究的课题查找理论根据，重新学习教育科学知识的时候，当老师们为自己研究的课题观察、了解学生的时候，当老师们有一点体会，便自然流畅地写入科研日记的时候，这本身就已经使老师们站到了一个更高更新的层次来看待自己的工作。他们

---

① 杨小微. 教育研究方法 [M]. 北京：人民教育出版社，2005：15-17.

已经在自新，已经品尝到了科研的乐趣。

［资料来源：魏书生. 引导教师进行教育科研. 中国教育报，1991-06-06.］

（二）从事教育行动研究是教师生存方式的转变

教育行动研究究其实质而言，是教师在教育实践中，通过教育实践，为了教育实践的研究，是为了解决教师自己在教育教学中所遇到或面临的问题而展开的研究，是源于教师自身解惑的需要且为了改变教师自身所面对的独特教育教学情境而进行的研究。其目的在于通过研究使教师获得一种自我反思和自我批判的可持续发展的学习能力，养成一种反思、追问与探究的生活方式。

受现象学-诠释学思潮的影响，近年来，教育行动研究开始回归教师的日常生活，成为改变教师生存状态的重要途径。加拿大学者卡森和萨玛拉认为，教育行动研究的本质是教师的活生生的实践。教师的教学实践不再是单纯的传递知识的一种形式、一种手段，而是教育意义和教育目的的载体。"教育行动研究的实践是一种特定的实践方式，它要求以特定的方式塑造一个人的活生生的经验。"在这里，教育行动研究成为教师躬行于实践的一种方式，这种研究不仅与实践者个人的信念、哲学、态度有关，也与独特的生活条件和环境有关。

如果将教育行动研究看作教师的活生生的经验，那么这种理解无疑表征了教育行动研究的新的转向，即从作为方法论的教育行动研究转向作为本体论的教育行动研究。卡森和萨玛拉指出，"正如审美探究带来工艺作品一样，行动研究包含在研究者的复杂的活生生的经验之中"。教育行动研究已成为教师日常生活的一部分，它不仅是一种方法，而且具备了本体论的意义。这种转向说明，行动研究不再关注"一个人如何进行行动研究"，而是关注"一个人如何过一种包含了教育行动研究实践的生活"。在这种本体论的意义上，行动研究不再仅仅是一种教育研究的方法，更是教师在专业生活场景中的存在方式①。

（三）从事教育行动研究是教师专业发展的需要

教师的专业发展是教师个体在其整个职业生涯中，依托专业组织，通过终身专业训练，习得教育专业知识技能，实施专业自主，表现专业道德，不断增长专业能力的过程，或者说，是教师"个人成为教学专业的成员并且在教学中具有越来越成熟的作用这样一个转变过程"。这个过程是教师个体通过不断的学习与探究来拓展其专业内涵的历程，是教师不断学习新知识，增长专业能力，从而达到专业成熟的过程。为了促进教师的专业发展，世界各国纷纷提出了"教师成为自主学习者""教师成为经验反思者""教师成为行动研究者"的教师教育思路。而事实上，教师的学习、反思与研究是统一于工作实践中的，教育行动研究正好可以满足这种需要。

我国有的研究者认为，教育行动研究在教师的专业成长中起着重要的作用。具体而言，主要有以下几个方面：

一是使教师"讲学习"；

二是使教师养成对自身工作进行反思的良好习惯；

三是增强教师的专业敏感性和解决实际问题的能力；

四是培养教师的交流与合作精神；

五是增强教师的工作责任心和敬业精神。

① 杨明全. 行动研究与课程创新 [J]. 教师教育研究，2004 (04).

第三章

教育行动研究的过程怎么展开

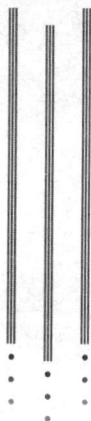

实施 行动研究必须遵循一些基本要求，我国有的学者提出行动研究实施的原则是"行动""合作""弹性""不断考核与检讨"。就行动研究的步骤而言，它的核心是自我反思的螺旋式过程，一般包括计划、行动、观察、反思几个步骤。

实施行动研究必须遵循一些基本要求，我国有的学者提出行动研究实施的原则是"行动""合作""弹性""不断考核与检讨"①。至于行动研究实施的具体步骤与程序，并无硬性的规定，不同的学者，如勒温、柯立尔、凯米斯等都曾提出过不同的实施框架。

一、 教育行动研究的一般进程

（一）教育行动研究在反思中获得螺旋式发展

就行动研究的步骤而言，它的核心是自我反思的螺旋式过程，一般包括计划、行动、观察、反思几个步骤。例如，勒温作为行动研究的先驱，他不仅首先提出行动研究这个名词和方法，还提出行动研究包含计划、行动、观察和反思四个环节，并建立行动研究的螺旋循环操作模式。米尔斯认为，教师进行行动研究时可以遵循如下四个步骤：鉴定问题领域、收集数据、分析并解释数据、提出行动方案。而埃利奥特则提出了一个包括三个循环的复杂的行动研究模式，体现了行动研究通过不断反思而获得螺旋式发展的特征。

我国台湾学者蔡清田提出，行动研究提供解决实务问题的行动方案，具有井然有序的程序架构。行动研究历程更是一个持续不断反省的循环，每个循环都可能包括以下内容：

（1）了解和分析一个需加以改善的实务工作情境或需解决的困难问题；

（2）有系统地研拟行动方案策略，以改善实务工作情境或解决困难问题；

（3）执行行动方案策略并衡量其实际成效；

（4）进一步澄清所产生的新问题或新工作情境，并随之进入下一个行动

---

① 施铁如．学校教育研究导引：方法、思路与策略［M］．广州：广东高等教育出版社，2004：196．

反省循环。

可见，行动研究是一种系统化的探究历程。综合各家观点，教育行动研究的过程包括关注问题领域焦点、规划行动方案、寻求合作伙伴、实施行动方案、进行反省评鉴等环节。

（二）教育行动研究的基本框架

我国有学者概括已有的试验和诸多方面的研究，提出了以下教育行动研究流程示意图[①]。

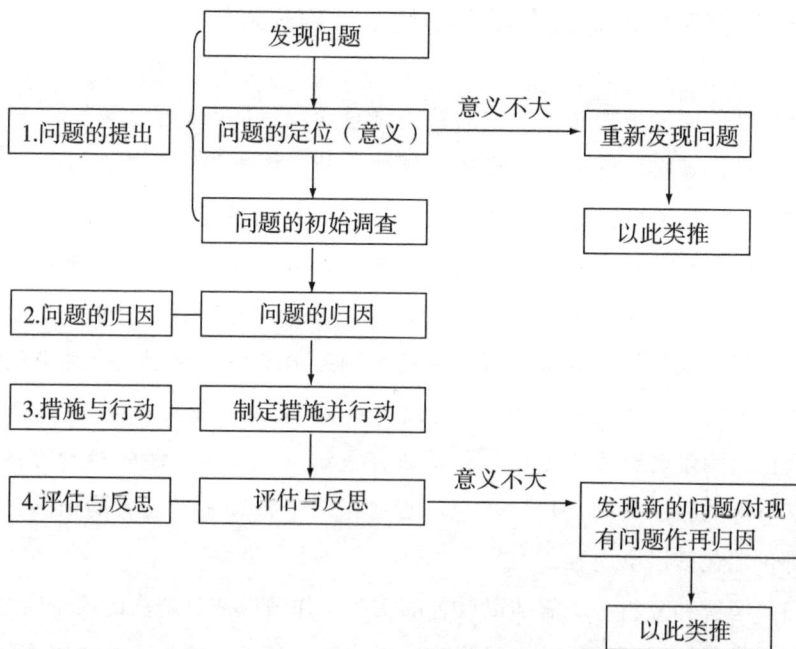

图 3-1　教育行动研究流程

我国生机勃勃的校本研究实践，在吸收和运用国内外成果的基础上，概

---

① 汪利兵，等.教育行动：意义、制度与方法 [M].杭州：浙江大学出版社，2003：92-93.

括出一些教育行动研究的实施框架，如上海市教科所提出的三种操作模式[①]：

- "确定问题—寻找解决问题的方法—应用解决问题的策略—结果分析—理论发展"的模式；

- "问题筛选—理论优化—实施和反思"的模式；

- "计划—实施—反思"的模式。

事例点击

假期作业的新设计

每当假期到来时，老师都会给学生留下一大堆习题作业。而每到开学时，一些学生或是没做，或是应付地交来一些没过脑子的"无功"作业。我尝试着在所教班取消了传统的假期作业，改留了可供学生选择的以下几类作业：

1. 阅读一本数学科普读物或学习参考书（推荐书目略）。

2. 发现并找出数学参考书中的三处非印刷性错误，指出错误所在并予以更正。

3. 利用立体几何展开图的知识，动手制作纸模型或工艺品。

4. 采集生活中的数学问题并试着解决它。

5. 写一篇数学小论文。为学生提供的参考选题有：（1）对一种数学思想方法的认识或应用；（2）数学应用的小发现、小研究、小成果；（3）解题中的发现或我的小窍门；（4）以自己名字命名的定理及它的证明和应用；（5）谈谈数学某一部分内容的教法和学法；（6）就你掌握的数学知识，自编三个数学小综合题，要求写出：题目、题解、设计意图，易陷入之"坑"和得意之处；（7）自编一个计算机程序，用它解决某一学科某一问题；（8）以计算机为工具，进行"做科研"实践，推荐选6个，其中一个是这样的：有一类数叫"花数"，如 $153=1^2+5^3+3^3$，$1634=1^4+6^4+3^4+4^4$……请你给出"花数"的定义，并通过计算机找出尽可能多的"花数"，然后请你支持或

---

① 潘国青. 学校教育科研新论 [M]. 上海：上海教育出版社，2005：54-56.

否定张思明的"猜想":"花数只有有限个"。虽然我知道"猜想"是正确的。但仍用猜想的形式给出,以便激发学生求知探索的欲望。

由于学生的兴趣、特长、条件不同,我只要求学生们在上面的几类作业中自己选择四类作业完成即可。

开学后,同学们的假期作业交了回来,这次作业活动收到了预想不到的教育教学效果。许多同学看了数学参考书;23 位同学从 10 余本数学的正式出版物上,挑出了 60 余处错误;10 位同学动手制作了几十个数学用的立体几何模型和手工纸模艺术品;20 余位同学采集并部分解决了 16 个应用数学问题;12 位同学自编了 40 余道小综合题;15 位同学编了几十个计算机程序,有用计算机"创作"的班歌,有分形作图和曲线作图,更有 9 位同学找到了直至 8 位的"花数"。另外,还有 56 篇小论文,选题多种多样。

为了正确引导学生们的热情和积极性,我安排了一次假期作业成果交流会。6 位同学介绍了他们的研究成果,班里还展示了大家的论文和制作的成品,这样的成果使大家看到了创造的艰辛和收获的喜悦。对我来说,最大的收获是使我明白了,通过教师的用心钻研和精心设计,并积极地进行启发引导,假期作业不但不会成为学生的学习负担,反而能够激发学生的学习兴趣,培养学生的创造性思维能力。(张思明)

分析:

这个案例是张老师一边工作一边研究的记录,是一个教育行动研究过程,可做如下归纳。

表 3 - 1　教育行动研究过程示例

研究步骤	研究内容
发现问题	大多数学生对假期一堆作业态度漠然,作业并没有达到预期目的,提出课题。
分析问题	作业布置一部分不符合学生兴趣、爱好、特长和条件,作业单调、死板,学生被动学习。

续　表

研究步骤	研究内容
研究对策 制订计划	取消传统布置作业的方法，改留可供学生选择的开放式作业。设计 5 种新型作业内容。
行动干预	布置作业同时做必要的动员和说明。
评估反馈	收到实际的效果。
总　　结	成果交流，假期作业不会成为学生负担。
再次调研	针对上一轮研究的成果和不足进行新一轮的研究。
……	——

[资料来源：徐世贵. 中小学教师教育科研. 辽宁民族出版社，2001：161-163.]

（三）教育行动研究的主要步骤

行动研究没有整齐划一的模式。美国学者温特认为行动研究的关键过程可以用三个词来表达："观察""反思"和"运用"。我国学者余文森提出，校本研究中的教育行动虽然并不要求按照什么固定的框子行事，但仍须遵循和体现研究的基本规范和基本程序，使它不同于一般的教育教学实践活动。概括地说，校本研究总是要涉及以下几个环节或经历以下几个过程。

1. 问题

研究总是从问题开始的，但教育中出现的问题能否成为研究的问题，关键在于教师是否具有问题意识和探索精神。教学研究中的"提出"问题实际上是一个过程。它是一种"参与""介入"的态度，提问者已经"把自己摆进去"。教师能否以"参与者"而非"旁观者"的态度提问，能否以"当事人"而非"局外人"的角色提问，将直接影响教师"参与"教学研究的程度，也直接影响教学研究对教学实践的"改进"程度。因此，有人将"改变教师的提问方式"作为教学研究的一条首要策略提出来。校本行动研究所指向的教学问题是教师"自己的问题"而非"他人的问题"，是在学校里发生的"真实的问题"而非"假想的问题"。教师还要进一步把教师个体发现和提出的问题转化为教师群体共同关注和思考的问题,把学校里发生的真实的问题概括、提炼、升华为有价值的课题。行动研究强调自下而上地形成课题,但不排斥对学校改革和发展具有导向价值的自上而下的课题。

学习链接

研究同一问题完全可以从不同的角度去进行,每种角度都规定了研究对象的范围。如要研究中学数学教学方法的改革,以提高学科教学质量,研究者可以从总结数学学科教师中先进的教学经验出发,这时,中学数学学科教师创造的先进教学经验就构成该研究角度的对象总体;研究者也可以从调查某一地区的中学数学教学的现状出发,所有该地区中学的数学教学状态是这一研究角度的对象总体;研究者还可以从数学学科的知识结构和中学生掌握数学知识、发展数学能力所遵循的普遍规律的角度去研究,这时有关方面的理论与中学生的思维能力等就成了研究对象的总体。所以,课题的表述应该明确研究的角度,从而明确本课题研究对象总体的范围。

在问题表述中,通常表现出来的毛病是研究者有意或无意地扩大了实际进行研究的对象总体的范围。如某项研究只是想对某中学初一部分学生做一次有关兴趣爱好方面的调查,研究者在研究课题中却表述为"当代青少年兴趣爱好调查",这显然夸大了研究对象的总体,这个课题较确切的表述应该是"╳╳中学初一学生兴趣爱好调查"。上述那种用"大帽子"去戴"小脑袋"的课题表述法,年轻的、刚开始从事科研活动的研究人员较易犯。这也许是受一种希望自己的研究更富有价值的心情所驱,也许是由不清楚课题表述的对象总体范围与研究对象的选择有十分密切的关系而造成的。所以课题表述追求的不是词句上的"气派",而是含义上的确切。

[资料来源:叶澜. 教育研究及其方法. 中国科学技术出版社,1990:54-55.]

2. 假设

假设指的是解决问题的一种方案、设想、构想、策划。任何假设都具有假定性、科学性和预见性。所谓假定性是说它具有推测的性质，即这种假设是现实中暂不存在的或未被确认的，或虽见于彼处却未见于此处的，它可能被实践证实，也可能被证伪。因此，假设决定了研究的探索性，但是假设又并非臆断，它以科学理论为导向，以经验事实为根据，又经过研究者的论证和交流，是一个对理论进行鉴别与优选的过程。

假设也是一种走在行动之前的思想，一种先于事实的猜想，是研究者从思想观念上对未来的洞察和把握，所以它能使研究活动更富有预见性。

3．行动

行动是设计方案付诸实施的过程，对教师而言，行动意味着改革、改进和进步，它具有以下特性。

第一，验证性，即检验设计方案的可行性。所有的设计在行动之前都只是一种假设，它的科学性、有效性是需要实践来检验的。

第二，探索性，即发现和寻找各种新的可能性。行动绝不是按图索骥的机械活动，而是一种积极寻找和探索解决问题、达到目的的最佳途径和最佳策略的过程。这意味着教师在行动时，不能拘泥于事先的设计，要根据实际情况，随时对设计做出有根据的调整、变更。

第三，教育性，即服从、服务于学生的成长和发展。

4．总结

总结在行动研究中既是一个螺旋圈的终结，又是过渡到另一个螺旋圈的中介。在总结这个环节中，教师作为研究者主要应做以下几件事。

第一，整理和描述。对已经观察和感受到的，与问题、设计和行动有关的各种现象进行回顾、归纳和整理，其中要特别注重对有意义的"细节"或"情节"的描述和勾画，使其成为教师自己的教育故事或教学案例。教师作为研究者，要"做自己的事""说自己的话"，这是行动研究改变教师职业生活方式的关键。

第二，评价和解释。在回顾、归纳和整理的基础上，对问题、设计与行动的过程和结果做出判断，对有关现象和原因做出分析和解释，探讨各种教学事件背后的理念，揭示规律，提高认识，提炼经验。

第三，重新设计。针对原有方案及其实施中存在的各种偏差或"失误"，根据新的感悟、新的发现、新的认识和新的思考，修改原有方案或重新设计方案，并付诸实施，进行进一步的检验、论证和改革探索。行动研究的目的是改进和改正，是一个不间断的自我修订、自我完善的过程，所以任何总结都意味着一个新的开始。

总之，教育行动研究过程就是"问题—假设—行动—总结"的循环往复、螺旋上升的过程。每个循环圈的时间可以是一个学段、一个学年，也可以是一个单元甚至一节课。当然，在实际运行中，四个环节也并非固定不变的，渗透、交叉、变通都是可能的。

二、 教育行动研究的操作环节

作为应用研究的教育行动研究，其特点充分表现在以问题解决为导向，以教师实际工作中的问题为题材，重视校外专家的伙伴关系，重视研究过程给教师观念和行动带来的变化与改进，是一个循环往复的不断修正过程，其具体操作有以下几个重要环节。

（一）选定研究的问题

一项研究的选题是引发研究活动的动因，也是决定研究成败的关键因素；能不能选好题，是衡量研究者素质的一个重要尺度。著名科学家贝尔纳指出："课题的形成和选择，无论作为外部的经济技术要求，抑或作为科学本身的要求，都是科研工作最复杂的一个阶段。一般来说，提出问题比解决问题更困难……所以评价和选择课题，便成为研究战略的起点。"

1. 问题的发现与由来

一般来说，校本研究中产生的问题大多是研究者在教育实践中亲身感受到的需要解决而一时难以解决的问题，即"自己的问题""真实的问题"。但这些"出现"的问题能否成为"研究"的问题，一是要靠教师的问题意识或对问题的敏感性；二是需要教师作为"当事人"的紧迫感与责任心；三是有赖于教师的探究热情和创新精神；当然，一定的能力和方法素养也是必不可少的。

根据校本研究的特点，教师所研究的问题大体来自以下三个方面。

• 从工作实践中萌生

教育工作充满变化和不确定性，教师在工作实践中既会遇到各种各样的矛盾、困惑或疑难，也可能获得许多成功的体验和意外的惊喜。教师想要研究的问题，正是从"怎么解决工作中的难题""怎么提升工作中的经验"这两个方面所引发的。由工作实践中萌生的问题，都是教师亲身感受到的真切的问题，所以研究起来有强烈的动机，易于同工作融为一体。

事例点击

研究问题：事情背后的原因

有一位老师，在讲解了"地球是圆的"之后，问学生："懂了吗？"学生都说已经懂了。接着老师让学生画了一个圆，表示地球，然后问学生："你住在哪儿？画一画。"结果许多学生都把自己住的地方画在圆的上方，而不画在圆的中间。老师问："为什么这么画？"学生回答："画别的地方人会掉下来的。"透过这个教学现象，老师认识到，讲的知识学生自认为懂了，其实没有真懂。没有经过学生亲身体验、感受过的知识，学生可能并没有真懂。将这一思考的结果进一步深化，老师就有可能提出一个改进科学课教学，提高学生科学课学习质量的问题（课题）。我们还可以进一步反思：在实际教学中，许多老师都是通过问"懂了吗"来了解学生学习情况，但学生回答"懂了"并不等于确实懂了。因此，如何了解学生学习的实际状况？如何据此调整自己的教学内容、教学程序、教学风格……这些都可以引发一系列值得探讨的问题①。

• 在学习交流中获取

教师在日常的读书学习中，在听取同行的经验介绍时，在与他人的交流对话里，常常获得一些启示，产生一定的联想，于是意欲将别人的某些论述与做法加以移植、延伸、变通、丰富或细化，这也可能成为自己研究的课题。

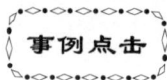

事例点击

从阅读中产生的问题

在一个偶然的机会，我看到了一份《中美数学课堂教学》的研究报告，这份研究报告对中美两国课堂教学情况作了一些对比，认为两国的教学取向显著不同，并用下列表格分析了两国教学取向的显著差异。

表3-2　中美数学课堂教学比较

国家	起点	过程	关注的核心	归宿
美国	感兴趣的问题	独立思考或小组活动，教师很讲究"何时介入"	学生的参与	学生独立探究的能力和气质
中国	对教材的感知	利用已有的知识和经验逐步过渡，教师不间断地引导	知识的积累	系统牢固的基础知识和基本技能

这份表格反映出的中美两国教学取向的差异，很让我吃惊。我想，教育的本质应该是一样的，无论是美国的课堂还是中国的课堂，都应该体现出相同的教育本质。二者的差异至少从一个侧面显示出我们的教学在某些方面需要加以改进。对于我这样一名中学老师来说，关键是认真反思自身的课堂教学，从日常教学的改进入手，使课堂越来越贴近学生实际，真正做到以学生的发展为本。于是我联系自己语文教学的实践，反思我的教学理念，引起了思索、探究的欲望②。

---

① 杨小微. 教育研究方法 [M]. 北京：人民教育出版社，2005：179.
② 郑金洲. 教师如何做研究 [M]. 上海：华东师范大学出版社，2005：53.

• 由宏观发展中引发

教育的改革与发展是世界性的潮流，作为"面向未来"的事业，教育必然要应对这种变化，因此，各种新理念、新政策、新信息、新措施也会不断出现。教育研究中的许多问题和课题，常常是由这些宏观领域改革与发展的"热点"所引发的，如"素质教育"实施中的一些研究，新课程实验的一些操作策略的探讨等。这类亟须研究的问题，还反映在各级教育行政部门与研究主管单位的课题指南中。

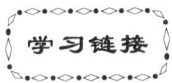

学习链接

关于选题的策略方法

我国的研究者曾提出这样的选题策略：变换角度，平中见奇；按图索骥，顺藤摸瓜；针锋相对，逆向思维；突破定式，另辟蹊径；类比迁移，牵线搭桥[①]。

对于问题与课题提出的具体方法，许多研究者也曾提出一些建议。如王铁军认为，常用的方法有问题筛选、经验提炼、资料寻疑、现状分析、意向转化等[②]。喻立森则提出以下十种选题的方法[③]：

筛选-定位法：反复筛选所发现的问题，把复杂问题简单化，最后来确定研究的问题；

联想-激问法：通过由此及彼的联想，引发相关的问题研究；

同向-扬弃法：在"求同"过程中扬弃，去掉不合理之处，完善不足之处，确定主攻目标；

逆向-求异法：运用"逆向"思维，换一个角度甚至从相反方向提出问题和解决问题；

读书-质疑法：把"学"与"思"结合起来，对别人的观点矛盾之处，于理不合、于实不合之处提出自己的看法；

---

① 孟万金，官群. 教育科研：创新的途径和方法 [M]. 上海：华东师范大学出版社，2005：61-62.
② 王铁军，等. 中小学教育科学研究 [M]. 武汉：武汉大学出版社，1997：54-55.
③ 喻立森. 教育科学研究通论 [M]. 福州：福建教育出版社，2001：153-159.

现象-追思法：透过日常生活、工作中接触的现象，探寻其背后深藏的原因和本质；

聚焦-访谈法：对热门焦点进行专访，引发深入思考和深层研究；

跟踪-查新法：跟踪学科前沿，查询最新发展，提出要研究的问题；

超前-预测法：运用超前思维和科学预测，进行前瞻性选题。

2. 问题的分析与厘定

校本研究中发现了有待解决的问题，常常未必就构成一个适合研究的"课题"，因为这些一开始就被发现的问题，往往较为笼统，较为宽泛，较为一般，因此要进行一番思维加工，使问题由模糊变得清晰，由泛化进而分化，由抽象走向具体。这样，研究的目标才能比较明确，内容才能比较集中，操作也才可以落到实处。

• 问题的初始调查

问题的初始调查，实际上是摸清问题存在的"焦点"及其严重程度，把原来对问题的一些"感觉"和模糊看法变为明晰的研究主题，同时将调查所得到的初始表现（初始值）作为今后成效评估的重要参照。至于调查的方法，可以是有结构的观察，也可以是测验；可以是问卷，也可以是访谈。

问题初始调查的过程如图 3-2 所示。

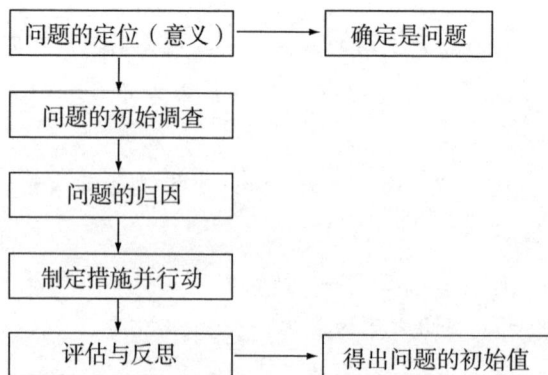

图 3-2 问题初始调查的过程

• 问题的分解组合

研究者最初触及的问题，往往是一个较为复杂的综合性问题，这个问题属于哪一类，需要放在一个"系统"中来考察，以便界定它的归属与性质，发现它与其他问题的关系与联系。通过这样自上而下的分解，这一问题的研究范围、主攻方向以及从哪里切入就比较明确了，它涉及的相关问题也可以在研究中做好统筹。

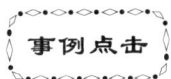

事例点击

教学问题的分解

我们可以把学校教学这一大问题分解为不同层次的小问题。任何教学都要回答以下四"何"问题：教为何教学目标；教何教学内容；如何教（教学方法）；教如何（教学效果）。从这四"何"还可以进一步往下分解出更具体的问题，所分解出的具体问题再结合不同的学科，就可以有种种不同的选题了，例如：中学生数学学习兴趣的培养研究，学生作文能力培养的研究，电子计算机辅助英语教学的研究等。

表 3 - 3　课堂教学的问题分解表

教学目标	教学内容	教学方法	教学效果
学生学习积极性的培养和激发、知识的掌握、非智力因素的培养	教材的选择：新教材使用 教材的处理：修改、补充、增删 校本课程开发	教师活动：讲授、演示、媒体运用、课堂管理 师生互动：提问、质疑、互动时间，反馈态度与方式，课堂民主气氛 学生活动：讨论（论题选择、讨论引导）、练习（内容、形式）	学生学习效果检查与评价：作业、考试的内容、形式、评价 教师教学效果检查与评价：评估

在行动研究中发现的问题，有时是"偶遇"的，零碎的，因此，研究者要善于把各种小问题联系起来，使它们组合成为一个系统性更强的、更富有

统摄性的课题，这样一个个同类的小问题就构成一个综合性的课题。如在新课程实施中，一些老师在课堂教学中分别就如何加强学生学习自主性，如何选择适当内容引导学生探究，如何进行教师与学生、学生与学生的合作互动等问题进行了实践，这些实践探索就可以组合成为"引导学生习得新的学习方式"的课题。

• 问题的具体细化

开始时，人们发现的问题可能只有一个大致的轮廓，或只是从某一个角度所感到的"较稀薄的抽象"，这就需要研究者去"细想"，去丰富它的一些内在蕴意和具体细节。

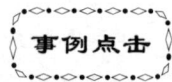

事例点击

怎样创设情境，激发动机

一位老师在课堂教学中感到，平日里自己对学生并没有少讲"努力学习""积极参与课堂活动"之类的话，但为什么有的课堂中学生学习还是有气无力、没精打采呢？后来她在参加继续教育培训时明白了，这是学生的学习动机没有被激发起来，老师可以通过创设课堂学习情境来激发学生学习的内在动力。可是，怎样的课堂学习情境才能唤起学生的学习积极性呢？她一边琢磨，一边尝试，一边提炼，提出了一个通过创设"冲突情境""惊异情境""游戏情境""猜想情境"来激发学习动机的课题。

• 问题的求异履新

有时，研究者在工作与学习中自己发现了一些问题，但总觉得这类问题比较一般，又是许多人都注意到并研究过的"老问题"。这时，研究者除了认真学习和借鉴别人的成果来解决自身的问题以外，还应当分析自己想解决的问题的特殊性在哪里，怎样在这种特定的情境中有创意地运用别人的经验，从而丰富它，发展它。

事例点击

把农村学生的心理指导做出新意来

有位农村教师在实践中感到，农村孩子在学习上存在一定的"心理偏异"，影响了他们的学习积极性和成效，于是他提出要研究"农村学生的心理指导"问题。但这个问题太宽泛，而且别人也研究得够多了。他经过分析，觉得从某一角度集中研究一个突出的方面可能较有新意，于是他决定研究这样的课题——消除自卑心理，让学生获得自信。这位老师在调查研究的基础上，仔细分析了学生自卑心理的种种表现及其根源，有针对性地提出一系列心理指导的方法，使研究工作做得有声有色。

3. 课题的确立与论证

从问题的发现到问题的分析再到课题的形成，是一个对研究的对象不断澄清认识的过程，也是研究者的思维逐步深化与发展的过程。这一过程的完善须从两个方面来努力：一是要用一个理性化的标准来评定它；二是要集中各方面的智慧来考量它。

首先，要坚持理性化的选择标准。

我国著名学者程千帆教授曾这样讲到选题，他说："选题要像开矿一样，不要选穷矿，不要选人家开采过的、没有多大发展前途的矿，也不要选那些岩石过硬，而自己的技术水平还暂时达不到要求的矿；要选人家没有开过、具有学术价值和发展前途，技术水平能够达到的矿。"这个比喻实在是惟妙惟肖，耐人寻味。

那么，选题的具体标准是什么呢？

- 课题研究的必要性

研究的必要性是同课题的重要性相联系并由研究的价值来决定的，在校本行动研究中，评定课题的价值主要是看这一课题是否抓住了学校教育中的主要矛盾和关键，能否解决工作中存在的突出问题，有没有"实践意义"，然后再考虑它的"理论意义"及"连带价值"。

• 课题研究的科学性

课题研究要与国家的大政方针、改革的指导思想和方向相一致，合乎科学教育原理和规律；研究的目的明确，针对性强；选题的立论可靠，以事实为依据，以实践为基础，充分地占有资料。

• 课题研究的创新性

选定的课题应当"求新""求实"，认真借鉴已有的研究成果和实践探索并有所发展，研究的问题能根据自身的实际，适应自身的条件，有特色，有创意，在认识或实践上可以为他人提供新的经验，有应用与推广的价值。

• 课题研究的可行性

课题研究应具备顺利推进所要求的条件，包括客观条件，如经费、设备、资料、人力等，主观条件，如研究者的素养、经验、时间、兴趣等，还有研究的时机等。

我国学者喻立森曾把选题的原则概括为：勇于创新的原则，难易兼顾的原则，冷热相济的原则，这是非常确当的[①]。

其次，要从不同的方面做好课题论证。

为了使研究的课题更有价值，研究的思路更加清晰，研究的方案更加完善，较大的集体研究课题和立项课题常常需要集思广益，从不同角度和不同方面进行论证，约请一些有经验的专业研究人员和一线教师，共同评量所研究课题的性质与类型、目的与意义、现状与前景、需要与可能、策略与结果等主要问题，提出改进的意见。

课题的论证还要针对选题中常出现的毛病，帮助解决以下问题：①范围太大，无从下手；②主攻方向不十分清楚；③问题太小，范围狭窄，意义不大；④在现有条件下难度较大，资料缺乏；⑤属经验感想之谈，而不是科研题目。[②]

---

① 喻立森. 教育科学研究通论 [M]. 福州：福建教育出版社. 2001：144-151.
② 裴娣娜. 教育研究方法导论 [M]. 合肥：安徽教育出版社，2000：78.

提高行动研究选题的价值

选题价值主要取决于思考方向和思考深度，是内部思考结晶的表达。选题有一定的策略可借鉴，也有一定的路径可遵循。

（一）"遇疑—探因—寻策"路径

问题即选题，问题即课题。

遇到日常教育教学中的问题，进行突破常规的深度思考、追问、才容易产生有价值的科研选题。依循"遇疑—探因—寻策"路径时，研究者需要处理好三个环节，做到起于问题、止于解决问题。

环节1：遇疑。遇疑，即碰到疑难问题。教师在实践中遇到的那些问题、争议很大的问题、长期困扰教师的问题往往更具有科研价值。如《基于学生自主建构的运算技能教学策略研究》一文涉及以下问题：（1）教学"9＋几"时，有教师提倡学生"用自己喜欢的方法计算"，结果有些学生学习"9＋几"时一直用掰手指、摆小棒的方法计算。教师要不要引导他们进行算法优化？何时优化？如何优化？（2）有些教师在引导学生优化算法（掌握"凑十法"）时，自己不讲，改由"小老师"代讲，还美其名曰"发挥学生自主性"，引导学生自主构建算法。这种"小老师"代替教师"讲"的方式与教师讲的实质性区别是什么？这种教学真能引导掰手指、摆小棒的学生自主建构算法？（3）掰手指、摆小棒等基于操作的算法与"凑十法"之间是否存在本质联系，前者是否可以升华为后者？遇疑只是起点，遇疑后的深度追问和思考才是价值提升的关键。

环节2：探因。在分析问题时，教师要透过现象看本质，从表层走向深层。如，针对前述"9＋几"教学时遇到的问题，笔者进行了如下分析：（1）从单节课和短期的运算知识学习看，算法多样化有利于活跃学生的思维，不同算法都可行。但是，从长期学习看，"凑十法"是更核心的算法，是后续学生运算知识的基本，因此"凑十法"是全体学生必须掌握的算法，必须在

"9＋几"教学时进行适当优化，否则就会影响后续运算内容的学习。（2）无论是教师还是"小老师"讲"凑十法"，其本质都是"传授"，对原来掰手指、摆小棒等靠操作完成运算的学生而言都是外来方法的植入，而非内在方法的生长，仍不是真正的自主建构。（3）动作是思维外显和物化的表达，思维是动作内化和抽象的结果，动作和思维之间存在着天然的联系。教师要引导掰手指和摆小棒的学生自主建构，必须找到掰手指、摆小棒这些方法与"凑十法"之间的内在逻辑联系，即找到动作技能与心智技能间的联系。

环节3：寻策。寻策，即寻找针对问题、原因的对策，所寻之策不是普通的策略，而要针对特定问题、特定原因，甚至针对问题中的特定对象、特定情境、特定数值等。如，掰手指、摆小棒等看似连续的动作实质上具有结构性，并且这种结构与"凑十法"的思维存在某种对应关系，因此提出通过逐步抽象、注重简缩、关注结构等策略，将掰手指、摆小棒等方法转化为"凑十法"。具体策略如下：（1）逐步抽象，从实物操作转向概念操作。简言之，即引导学生经历操作具体实物—操作抽象实物—操作抽象符号 的过程，使操作活动逐步走向抽象，逐步体现概括性、模型性特征。（2）注重简缩，从原生态操作走向简约性操作。简言之，即引导学生加强整体记忆，简缩操作过程，将操作时的某些过程性动作当作整体结果看待，实现从原生态操作向简约性操作的提升。（3）凸显结构，从关注操作行为转向关注思维关系。简言之，即引导学生将原生态的操作结构化，并揭示这种结构背后的思维实质，沟通掰手指、摆小棒等方法与"凑十""数的分解"等的联系，使学生原有的掰手指、摆小棒等算法升华和优化，最终"演变"为"凑十法"。这样的教学策略与前述"9＋几"教学中遇到的问题以及分析具有紧密联系，能有效解决前述问题，体现出极强的针对性。

（二）"析例—化类—选向"路径

教师在教育教学中遇到具体问题时，可以尝试将孤立的问题联系起来看，对特殊问题进行一般化研究，将零散的问题归类分析，并抽取同类进行特性研究，探寻事物的通性通法和解决问题的普适性策略，这样的类化研究往往能使对特殊问题的研究产生更广泛的价值。"析例—化类—选向"路径的重点是寻找类似的案例并研究共同性质。

环节1：析例。析例，即针对具体的案例进行具体分析，研究并掌握其主要特点。如，某教师为了鼓励基础差的某学生，在该生反复订正直至全部改对的试卷上打了100分。结果这张打了满分的试卷被其他学生撕了。教师本想批评撕试卷的学生，谁知这几个学生理直气壮地质问："我们也改对了，为什么不给我们100分?"很显然，这个案例并不常见，具有一定的特殊性和研究价值，教师可以采用"遇疑—探因—寻策"的思路进行案例研究，重点分析试卷被撕的原因，并探究相应的教育策略。然而，对单个案例研究的价值相对有限，若能跳出这个案例本身对类似因激励而引发矛盾的案例进行类特征研究，价值就会更大。

环节2：化类。化类，即将具体的问题、行为归为某类，将研究视角从"点"转向"类"。如，由前边撕试卷的案例联想到以下案例：某教师为激励学生提出"凡是考满分可以奖励一次免做卡，每次月考比上次进步5分可以奖励一次免做卡"，结果有学生发现"如果第一次月考故意考60分，以后每次进步5分，更容易拿免做卡"；某教师为了因材施教、分层教学，每次测验都设计A、B、C三套不同难易程度的试卷，结果有些学生为了考高分故意选难度略低的试卷；某妈妈为了让弟弟按时睡觉，答应他好好睡觉就奖励玩具、水果，结果原本乖乖睡觉的哥哥为了拿"奖品"故意闹着不睡觉。这些案例从表面看各不相同，但具有如下深层共性：激励措施本身存在价值偏失，容易导致激励的实际效应与教育初衷背离；只关注激励方式对受激励者的正向作用，忽略了其对未受激励者的负向作用。因此，教师可以将这些案例视为同类案例，抽取共性进行研究。

环节3：选向。选向，即选定写作方向。每类教育问题都有两种确定选题的思路：一种强调"以例说例，全面剖析"，以案例为主，辅以具体的策略，重点研究碰到这类问题该如何处理，一般要求案例精彩，分析与案例结合紧密；另一种强调"攻其一点，不及其他"，坚持"小切口，深挖掘"，致力于将某个小点写深写精，一般要求切入点新颖、精细，分析深入严谨。相对而言，第一种研究思路更容易驾驭些，第二种研究思路要求更高，价值也更大。

（三）"定点—释义—呈策"路径

依循"定点—释义—呈策"路径时，研究者要处理好三个环节，并且要特别重视"释义"环节。

环节1：定点。定点直接影响着教育科研的学术价值和成果发表机会，因此研究者务必要做好两方面的工作。一是将研究范围细化、具体化。如，关于学生评价可以按照"新课程学生评价的研究"→"新课程纸笔测验的研究"→"新课程终结性纸笔测验研究"→"新课程终结性纸笔测验命题研究"→"新课程终结性纸笔测验命题表征形式研究"，逐步深入，最终锁定"表征形式"这一内核。一般而言，分得越细，点位越清晰，教育科研选题的针对性越强，研究价值越大。二是对主题进行学术化提炼，使其精致、有吸引力。如，将"小组合作的问题及对策"改为"基于学习场效应的合作学习策略研究"，将"关注教材变化细节，着眼学生长远发展"改为"学习起点：逻辑性与现实性的分裂和融合"，将"关于长方形周长两种算法的思考"改为"数量关系表征：原生态与精致化的思考"，将"生活化教学的实践探索"改为"基于知识形态的教学策略研究"，学术性明显提升。

环节2：释义。释义，即对核心学术概念进行意义阐释。笔者认为，释义应该包括三个层次的内容：一是抽象的意义阐述，二是对意义进行个性化或条分缕析式解读，三是结合实际教育教学现象进行解释。如，《自我防御：貌似抗拒教育的行为》一文围绕"自我防御"进行了如下意义阐述：一是抽象意义阐述，如"自我防御心理机制，指在面对挫折和焦虑时的自我保护机制，主要通过对现实的回避、歪曲，维持自我心理平衡或防止外界伤害"；二是条分缕析式解读，指出自我防御心理机制具有自欺性、自卫性、合理化等特点；三是结合教育实践，归纳出否认、搪塞等常见的自我防御行为。有些教育科研无法紧扣核心学术概念，展开或呈现的策略特色不鲜明，与没有做好核心概念第二、三方面的释义有关。做好核心学术概念的意义阐释是体现这类科研价值的前提和关键，能防止核心学术概念标签化现象的出现。

环节 3：呈策。呈策，即呈现与核心学术概念本质高度契合的策略。如，某教师在《数学生活化教学策略研究》一文中提出"在情境中体现生活化教学""在合作中体现生活化教学""在探究中体现生活化教学""在应用中体现生活化教学""在反思中体现生活化教学"等策略，这些策略简单换换核心词即可套用到其他主题，可见没有触及生活化这一主题的实质。究其原因，作者没有找到文章选题的独特切入点，没有提炼出清晰的学术核心概念，更没有对核心概念意义进行深度研究。与之形成鲜明对比的是，《基于数学知识形态的教学策略研究》也是围绕生活化教学展开的，但是其提出了结构严谨和新颖别致的教学策略：（1）从生活形态到教学形态，削"枝"留"干"，注重提炼和抽象；（2）从教学形态到学科形态，重"联"求"通"，注重逻辑和结构；（3）从学科形态到生活形态，开"枝"散"叶"，注重应用和变式。究其原因，《基于数学知识形态的教学策略研究》围绕核心学术概念"知识形态"进行了如下深入研究：从数学教学中生活化倾向与数学化倾向的争论，结合教学实践将知识分为生活形态、学科形态、教学形态并分析每种知识形态的具体特点，如生活形态的数学知识具有情境性、隐蔽性、零散性、合情性等特点，学科形态的数学知识具有抽象性、逻辑性、系统性等特点，教学形态的数学知识具有学科性、学情性、平衡性等特点。

［资料来源：钟建林. 中小学教育科研选题价值提升途径研究. 教育学术月刊，2019（04）.］

（二）制定研究的方案

在选定行动研究的课题以后，研究者必须对所研究的问题进行整体性的构想，提出一个"施工蓝图"——即制定研究的计划或方案，让研究的预期变为实实在在的系统运作。

1. 寻找因果链条

教育行动研究在发现并确定需要解决的问题以后，很重要的一环是对问题的种种表现进行"归因"分析，即追问一下"为什么这样"，以便找出这些问题存在的深层原因并据此提出解决这些问题的设想。我国有的研究者把这一工作称为"以问题为中心构筑因果关系链的过程"。

从因果关系链的角度看，问题就是在实际工作中出现的与"理想的状态"不符的现象，"理想的状态"就是因果关系中的"结果"，根据归因分析采取的措施就是改善或解决问题、实现"理想的状态"的"原因"。

教师在开展某一问题的研究时，首先要以提出的问题为中心，进行初步的上溯和下溯的工作，以便形成一个明确的因果关系链。上溯的过程就是初步的归因过程，下溯的过程就是寻找解决问题的意义。[①]

事例点击

"学生上课不积极发言"的归因分析

学生上课为什么不积极发言？我们可以从学生的学习兴趣、学生的预习效果、教师的课堂激励、学生的心理问题等方面进行上溯归因，并且对问题解决之后（即学生上课积极发言）有什么正面或负面的结果进行下溯分析，从而建立一个初步的因果关系链（如图 3-3 所示），使问题得到明确的定位。

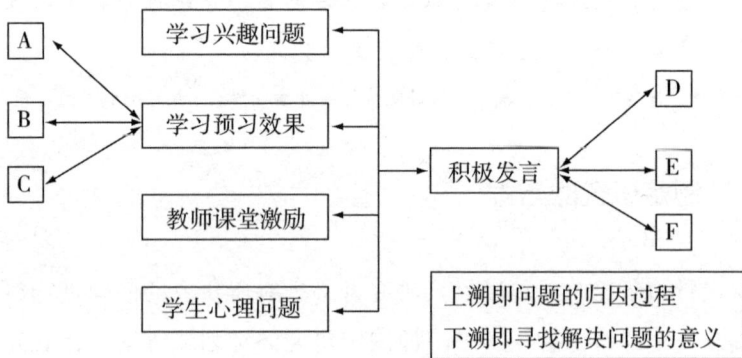

图 3-3　"学生上课不积极发言"的因果关系链

---

① 汪利兵，等.教育行动研究：意义、制度与方法 [M]. 杭州：浙江大学出版社，2003：102.

2. 提出研究假设

研究假设是研究设计的头道工序。研究假设不仅应说明要研究什么，而且要说明研究者将用什么理论来解答这个问题，可以说研究假设是整个研究的核心和灵魂。

• 研究假设的含义

假设也叫假说，是研究者依据一定的科学知识和事实，对研究问题所涉及的教育活动现象、规律或原因做出的一种推测性论断或假定性说明，是研究者设想的有待研究去证明、检验或发展的暂定的"理论"。也就是说，它是根据事实和已有的资料，针对研究的问题预测与猜想可能存在的答案或结果。这种对所研究问题的基本想法、猜测或设定、答案，用明确的语言表达出来，就构成一个或几个研究假设。

事例点击

一、关于一个班级纪律差问题的几种假设①

这个班纪律差是由于没有形成良好的班风。

这个班纪律差是由于班主任责任心不强。

这个班纪律差是由于班主任没有经验。

这个班纪律差是由于教师的教学方法单调。

二、解决一个班数学成绩差的问题时教师提出的一些假设

培养学生学习数学的兴趣会提高学生的数学成绩。

改革教学方法，让学生有更多的机会参与数学知识的认识过程，会提高学生的数学成绩。

加强课堂练习，改进作业的布置和批改方法，会提高学生的数学成绩。

从以上例子可见，假设就是研究者把自己对于某个问题的认识或解决某个问题的设想清楚地表达出来。不同的研究方法，假设的形式也不完全相同，

———————————

① 马云鹏. 教育科学研究方法［M］. 长春：东北师范大学出版社，2001.

研究者可以根据实际情况建立相应的假设。

· 对研究假设的要求

研究假设总是针对一个具体问题而提出，就其来源讲，它可能来自某种理论，可能源于教育实践，也可能借鉴他人的研究成果或经验；就其思维活动讲，它可以通过归纳与概括形成，可以通过演绎与推理形成，还可以通过类比与联想形成；就其表述方式讲，它可以是描述性假设，可以是解释性假设，也可以是预测性假设。但不论什么假设，都应符合以下要求：

——科学性，研究假设必须以客观事实和科学理论为依据。

——预测性，研究假设应能较好地预见可能的结果，解释研究的结论。

——明确性，研究假设必须解说准确，陈述清楚。

——可检验性，研究假设应当经得起理论和实践的检验。

3. 拟定研究计划

为了保证校本研究的顺利进行，做到心中有数，在选定课题和做好各方面的准备以后，研究者一般都要拟定研究方案或制订研究计划。

· 研究方案或计划的基本格式

方案设计或计划有各种各样的格式，可以不拘一格，但基本的结构如下：

——课题的界定与表述；

——研究的目的、意义；

——研究内容的具体化表述；

——研究的方法、途径；

——研究对象和范围；

——进展的步骤（阶段任务、目标）、进度；

——成果的形式；

——课题组成员分工；

——经费预算。

· 几个重要事项的说明

一是研究目的、意义的论述。

首先要阐述课题研究的背景，即根据什么，因什么缘由而做这项研究。其次，要阐述此项研究的目的和意义，即为什么要研究，研究的价值是什么，解决什么问题。再次，也可陈述本课题国内外研究的历史和现状，以及相关课题研究的特点或突破点。

二是研究的范围与内容。

对研究对象进行界定，包括两个方面：其一是对研究对象的总体范围以及研究对象的代表性和典型性进行界定；其二是对一些研究对象的模糊概念进行界定。这既关系到研究对象如何选取，也关系到研究成果的适用范围。要使课题研究具备可操作性，研究者还要通过给变量下操作定义，确定其操作指标。

研究课题要通过具体的研究内容来体现。研究内容有多有少，内容多的课题可分为若干子课题，但都必须完整准确地支撑课题。要防止以下问题的出现：第一，只有课题而无具体研究内容；第二，研究内容与课题不吻合；第三，课题很大而研究内容却很少。

三是研究的方法。

研究方法这部分主要反映一项课题的研究要"做些什么"和"怎样做"。教育科学研究除了要应用哲学方法和一般科学方法之外，还要有具体的研究方法、技术手段。中小学教育科研的每个课题都有相对应的教育科研方法。有的校本研究方法本身就具有综合应用各种方法的特点（如行动研究等），这就需要进一步细写究竟用了哪些具体方法。总体上看，校本研究的方法多是几法并用或主辅相济，这时，要陈述清楚采用什么具体方法去完成什么任务。

四是研究程序。

设计研究程序，就是设计研究实施步骤、时间规划。研究的每一步骤、每一阶段的工作任务和要求，每个阶段需要的工作时间，研究者不仅要心中有数，还要落实到书面计划中。

五是成果预期。

即写明最后的研究结论与成果用什么形式来表现。

总之，研究方案的拟定要求认真细致、明确具体，具有科学性和可行性。

（三）组织研究的活动

在确定了研究的主题和课题并制定出研究方案以后，下面的环节就是把已有的计划付诸实施。这一环节是教育行动研究的核心部分。通过一定的措施与行动，研究者不仅可以使实际工作中的问题得以解决或改善，也可以在解决问题的过程中，不断调整自己的教育教学行为，使自身教育教学行为的品质得以提升。

1. 提出行动措施

所谓行动措施，就是研究者在通过问题的归因过程确定了问题产生的原因之后，根据问题的归因结果，制定解决问题的相应对策，并在实际工作中付诸行动。

• 针对原因找办法

这就是有的研究者提出的"措施应该与归因的结果相对应"。在行动研究的初始阶段，研究者要通过观察、调查摸底，追索存在某种问题的原因在哪里，这些归结出来的原因就是提出特定措施的依据。在教育行动研究中，一定要重视解决问题的针对性，从原因的分析中有的放矢地想办法。

• 发现关键之所在

研究者在制定解决问题的措施时，要注意找出主要的原因，选准重点，并将其作为解决问题的突破口。实际上，归因时不分重点，面面俱到，容易使措施过于分散，也不利于措施的实施。通常情况下，归因的面可以适当广些，但是在制定措施的时候，要抓住其中的一个或几个重点。否则，措施过多，可行性就会受到影响。

• 注意多角度思考

学校中的实践问题常常存在"一因多果""一果多因"的复杂情况。因此，研究者在提出行动措施时，既要注意关键和重点，又应重视分析问题出现的多种影响因素，尽力在相互联系中发挥各种措施相互补充、相互促进的作用。

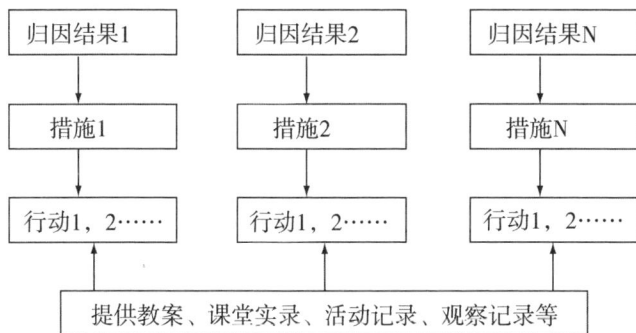

图 3-4 "措施与行动"流程示意图

2. 构建操作体系

针对"问题"出现原因，找出相应的操作措施以后，研究者还应把这些措施与行动组织在一个"主题"或"课题"的框架中，即要形成一个清晰的、系统的运作思路，将研究的目标和内容变为具体操作的实施体系，从不同的方面完整而细致地构建起"如何做"的行动纲要。下面是"学会参与"课题的教学实施体系。

事例点击

"学会参与"教学实施体系[①]

"学会参与"教学实施体系由教学模式、教学原则、教学方法体系构成。

1. "学会参与"教学模式

"学会参与"教学模式以学生在教学过程中参与行为的发展规律为主线，力求反映其与学生认知过程的对应关系，故又被称为"双过程模式"。该模式

---

① 施铁如. 学校教育研究导引：方法、思路与策略 [M]. 广州：广东高等教育出版社，2004：56-57.

把学生在教学活动中参与程度逐步加深的过程划分为五个阶段，即准备参与、初步参与、充分参与、深入参与和综合参与。五阶段又包含了反映学生在教学过程中参与行为状态和情绪状态发展的七个环节：准备、唤起、投入、展开、内蓄、深入、拓展。

2."学会参与"教学原则

"学会参与"教学的四条原则是兴趣层递原则、提供机会原则、分层要求原则和循序渐进原则。

3."学会参与"教学方法体系

"参与式"教学方法体系包含"参与式"教学法一般模型和以"参与"为共同特点的各类教学方法。

"参与式"教学法一般模型为18个字：快投入，频活动，多层次，小坡度，强反馈，共矫正。

"快投入"指开课后使全班学生尽快参与到教学过程中去，并快速提高其投入度。

"频活动"指课堂教学中应较为频繁而适当地为学生提供多样参与载体。

"多层次"指在参与的要求和认知的要求上都能适合不同层次的学生，并不断提高其层次。

"小坡度"指在认知内容安排上设置适当的较小坡度。

"强反馈"指要多方面进行反馈，多次反馈，借助各种手段对全体学生同时进行广泛反馈。

"共矫正"指师生共同矫正，学生相互矫正。

以"参与"为特征的各类方法，初步归为以下四类。

第一类：激发兴趣类。主要方法有情感沟通法、故事表演法和自我直观法等。

第二类：提高能力类。主要方法有生活模拟法、先扶后放法和想象创新法等。

第三类：促进认知类。主要方法有感官共鸣法、朗读领悟法和实物拼制法等。

第四类：检查评价类。主要方法有立体反馈法、角色对换法等。

3. 动态调控运行

许多研究者都指出，教育行动研究是一种"开放性的研究"，课题在实践中会"滚动发展"或"不断生成"，所以教育行动研究在设想的计划实施过程中，常常会产生一些变化，有时不得不调整原有的设计方案。从积极的方面说，这种动态变化意味着课题研究的不断深化与发展。

• 课题的拓展与延伸

有的课题，原定计划研究的范围较小，如一个班级、一个学科，后来觉得这项研究可以扩大到其他的班级或学科；有时候，课题研究原定的是解决某一特定问题，后来发现还应解决另一个或几个相关的问题、连带的问题、更重要的问题，于是，校本研究的课题就扩展和延伸开来了。这样的情况很常见。

• 课题的提升与开掘

研究刚开始的时候，课题"立意"不高或"层次"较浅是常有的事。随着研究的展开、资料的积累、研究者的认识深化，课题研究的理论高度和实践探究的深入程度都有了发展，这种变化也是顺理成章的。

• 课题的重构与转换

在研究过程中，研究者有时会发觉由于客观情势变化，需要从另一个角度去提出问题和解决问题；有时也可能由于研究产生了新认识、新思路、新办法，研究者需要对原有课题进行微调甚至重构与转换。

总之，教育行动研究的特点决定了课题研究常常具有滚动性和生成性。所以，教育行动研究既要有计划地实施，又要正视其变化，积极加以调控。

（四）做好评估与反思

评估与反思是循环往复的教育行动研究过程的一个承前启后的阶段，它不仅是现有一轮教育行动研究的结束，也为新一轮教育行动研究孕育着新的问题。

1. 成效评估

所谓评估，指的是研究者在对问题的初始状况和阶段研究情况进行并置比较的基础上，对新措施在一定的实施阶段结束后是否解决了问题，或在多大程度上解决了问题，做出基本的分析与判断。评估工作应该注意以下两个方面。

• 对问题的表现指标重新进行程度调查

新措施经过一定时间的实施，问题的表现指标方面的数据可能会发生一定的变化。因此，研究者应该在自己认为新措施可能出现效果的某个时间点，运用与问题的初始调查同样的方法，重新对问题的表现指标进行调查和取证，并得出阶段值。由于任何措施取得效果都需要一定时间，因此研究者应该有意识地分阶段对新措施的成效进行中期和后期评估，在制定措施与行动时，要有这方面的评估计划。

• 在阶段值和初始值并置比较的基础上得出结论

所谓问题的初始值，就是研究者在"问题的初始调查"中得出的对问题的表现指标的初始调查结果。我们之所以提"阶段值"，而不提"最终值"，是因为很难确定新措施在实施之后完全发挥作用需要多少时间。因此，研究者既要有分阶段评估的意识，也要有长期的打算。一般而言，如果问题涉及班级的大部分学生，可运用定量的方法，如确定问题的几个主要表现指标在数量或百分比上有无改善。如果总是涉及个案，可以采用定性描述的方法，如分析问题的几个主要定性指标有无明显改善。

2. 实践反思

教育行动研究不是一次性的和万能的，它是一个连续不断、循环往复的过程，不能有"终点"意识。除了对新措施的实施在多大程度上解决了预定的问题做出评估之外，研究者还要对整个研究进行下述两个方面的反思。

• 措施的副作用分析

所谓措施的副作用分析，指的是研究者应该对新措施除了解决预定的问题之外，有无其他负面的影响和作用，做出充分的分析。措施的副作用分析体现了因果关系链中"一因多果"的特点。研究者不能仅仅满足于现有问题的改善，还要对新措施可能带来的负面影响保持足够的警惕。如果问题的改善或解决以带来其他不良的后果为代价，研究者就要考虑对已有的措施加以改进，使新措施带来的不良影响减小到最低限度。

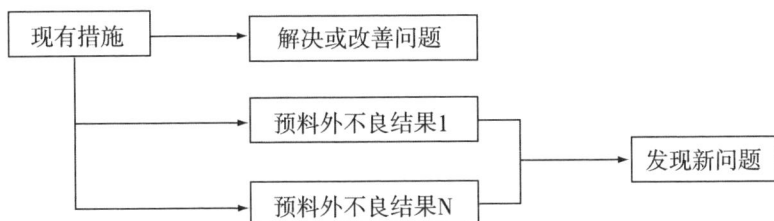

图 3 - 5　措施的副作用分析

对于研究者而言，对现有解决问题的措施与行动进行副作用分析，也是研究者反思精神的具体体现。在行动研究中，一个问题的解决可能会引发其他问题的产生，通过副作用分析，研究者可以在一轮教育行动研究结束之后，发现新的问题，从而为研究者的下一轮教育行动研究找到一个新的起点。

• 措施的替代分析

所谓措施的替代分析，就是分析解决现有的问题除了现有的措施之外，有没有其他更好的措施，它体现了因果关系链中"一果多因"的特点。替代分析涉及对现有问题做进一步的归因，尤其是对研究者在成效评估时发现现有措施对于问题的解决效果有限，可以锁定现有措施没有产生明显效果的那部分问题进行重新归因。当然，替代分析中的归因只是初步的，往往基于经验或其他理论的进一步启发，但是，它为同一问题的下一轮教育行动研究提供了一个新的起点。

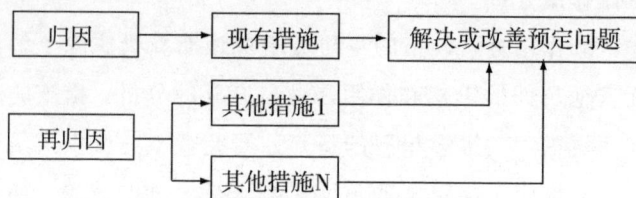

图 3 - 6　措施的替代分析

措施的替代分析是教师开展教育行动研究必须要做的一项工作,因为问题的解决通常不是彻底的,总有一些问题的当事人对现有的措施具有"抗药性",有些问题的严重程度并没有因为新措施的实行而降低到令人满意的水平。因此,通过措施的替代分析,研究者就可以不断地寻找其他方法,使问题的解决程度不断得到提高。

不论是新问题的出现,还是老问题的再研究,研究者对研究结果的副作用分析和替代分析,既标志着一轮教育行动研究的结束,也可能预示着新一轮教育行动研究的开始。因此,评估与反思部分充分体现了教育行动研究呈螺旋式上升的循环往复过程的特点。

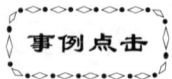

事例点击

《小学高段数学教学生活化初探》中的"评估与反思"

(1) 评估

经过一个学期的尝试,我对四年级的同学作了第二次测试调查,并对两次测试进行了统计比较,结果如下表所示。

表 3 - 4　四年级数学教学生活化实验前后测试对照表

	掌握较好	掌握一般	掌握较差
第一次测试	8%	70%	22%
第二次测试	40%	50%	10%

从上表可以看出：90％的学生能够有效地处理生活类的习题；40％的学生善于做此类习题，并且解决得很好；当然，还是有10％的学生没有很好地掌握生活化的数学题。数据显示这次测试比较上次而言，学生对生活实际问题的处理能力明显增强。这说明本研究所采取的措施取得了很好的效果。

（2）反思

从表格中可以看出，还有10％的学生没有掌握好生活化的数学题。原因一：由于一些学生在低学段教学的时候已经形成了固定的学习模式，所以他们不能很快地适应这样的教学方式。冰冻三尺，非一日之寒。要搞好数学教学生活化，必须从小学低学段就开始推行。这样，数学教学生活化才更为系统，对学生的发展才更具效果。原因二：教师本人掌握的生活化素材还不够全面，不能全方位地铺开，所以也有一些环节不能结合生活实际展开教学，这就使整个实验过程出现了断点，不能首尾相连，一气呵成。原因三：学生本身的生活实际经验少，所以自然不能联系实际体会领悟这样的教学。我们今后将对没有显著进步的那部分学生按照上述思路重新归因，采取新的措施，以期能进一步解决问题。

三、　教育行动研究的实施要求

教育行动研究的开展需要一定的条件，对此，国内外专家有许多分析。如有人认为，进行教育行动研究必须注意三项最低需求条件：第一项是教育行动的策略必须是和社会科学相关的计划；第二项是教育行动研究计划必须配合规划、行动、观察、反省的螺旋循环来进行，彼此间是有系统的，且是相互关联的；第三项是教育行动研究计划包括了所有行动相关的人员，并且必须逐渐扩展参与教育行动研究的人数。

我国台湾学者蔡清田在谈到教育行动研究的条件之启示时提出，开展教育行动研究，首先要求教育实务工作者有专业自觉；其次要求教育实务工作者有专业自信；再次要提供教育实务工作者进行研究的机会与支持。

笔者认为，开展教育行动研究，除了必要的物质保证与时间保证以外，以下三方面值得特别重视。

（一）学校的制度保证

开展教育行动研究需要重建以校为本的教研制度①。

学校应该加强教科室和学科教研组之间的合作与融合，使学校的教学和科研实现相互支持、相互促进。

学校教科研的重点应该来源于教师的实际工作，这是"以校为本"的学校教科研制度的必然要求。

学校应该为教师开展教育行动研究构筑指导平台，包括建立校外专家的介入制度，加强学校自身的能力建设，使教师的科研需求能够得到及时有效的指导。

学校应该对传统的教研活动进行改造，使教研与科研得以融合。此外，学校还可以通过编辑学校教研通信、设立家长接待日、利用网络平台等手段，全方位构建学校教科研的交流平台，促进"学习型学校"目标的实现。

学校应该改变以往不重视教科图书资料建设和教科研档案建设的状况，努力为教师开展教育行动研究提供良好的图书资料和档案服务。

基础教育新课程改革为学校构筑新的教科研激励平台提供了良好的机遇。学校应该抓住机会，主动采取措施，通过适当的激励机制使教育行动研究真正成为教师的日常工作方式。

---

① 汪利兵，等.教育行动研究：意义、制度与方法 [M].杭州：浙江大学出版社，2003：61.

（二）教师的专业自觉

许多学者曾分析过影响教育行动研究的主客观因素。从教师作为研究者的角度讲，他必须具有作为研究主体的积极性与素质，包括问题意识、探究热情、专业自觉与自信、合作精神等。从客观条件的角度讲，教育行动研究应当有专家的指导与丰富的资料，以及各相关部门的合作与支持。

教育行动研究作为一种方法有一些具体要求。卡尔和凯米斯曾对教育科学研究提出以下几点要求：

• 必须抛弃实证主义者追求推理、目标和真理的动机与倾向；

• 必须有各级各类教师（或者是与教育教学实践直接相关的其他参与者）的积极参与；

• 必须提供有实际意义的理论与阐释，以克服错误的主观倾向；

• 必须澄清那些阻止变革的社会体系，并为教师意识到和克服这些弊端提供理论依据；

• 必须是基于实践的清晰的再认，也就是说实践是检验真理的标准。

他们提出的这些要求同样适用于行动研究。具体来说，教室和学校中的行动研究主要应符合以下几个方面的要求[①]。

（1）每名教师都拥有一种或多种有利于研究任务的技巧，最重要的是在研究中澄清和阐明并应用的那套技巧。例如，有些教师能够收集和解释数据，有些则能够清晰地记录下课堂中某些关键环节，有些教师可能了解问题设计方面的知识，另一些则具有"谈"的天生本领。在进行研究时教师能否从自身优势出发是很关键的。

（2）学校要为行动研究提供必要的物资设备。另外，行动研究必须根据学校现有条件来设计，以保证其顺利完成。

---

① 马云鹏. 教育科学研究方法［M］. 长春：东北师范大学出版社，2001：203.

（3）随着研究的开展，任何研究问题的基本阐述都应得到明确的验证，因为这些问题的阐述限定了调查范围，所以很重要。举个例子，一位教师通过运用行动研究解决"怎样更有效地开始一节课"这一问题，那么研究就要围绕着课堂开始时的前几分钟来进行。在此研究中，所要收集的信息很大一部分由对所研究问题的阐述来决定。

（三）专家的合作参与①

教育行动研究作为校本教研的一种主要形式，需要一定的"专业支持"，以促进"实践同理论的对话"。因此，专业工作者与学校教师共同参与，形成亲密合作的伙伴关系，是教育行动研究的一项重要要求。

1. 专家介入的时间

方法指导和专题指导可以在选题确定后集中进行，并贯串整个研究过程。一般而言，校外专家的介入有三个明显的时间点：一是学校完成教师科研需求调查之后，学校可以邀请校外专家，对教师小课题选题的意义和研究计划的规范性提出意见；二是中期进展评估，学校可邀请校外专家协助教师进行问题的归因，并作具体措施指导；三是在评估与反思阶段，学校可邀请校外专家帮助教师处理日常收集的数据和资料，对措施的有效性进行评估，并协助教师开展进一步的反思。

2. 专家介入的方式

校外专家的介入方式主要有专题讲座、集中座谈和具体的案例诊断。如对于教育行动研究的程序与方法以及学校带有普遍性的一些问题，校外专家可以采用专题讲座的方法介入，也可以采用以学科组和年级组为单位的座谈讨论方式。对于一些难度较大的选题，校外专家还可以通过案例诊断的方式，与教师共同分析选题的意义，制定研究方案和研究时间表，对教师所要解决

---

① 汪利兵，等. 教育行动研究：意义、制度与方法 [M]. 杭州：浙江大学出版社，2003.

的具体问题进行会诊等。

3. 合作研究的表现

教育行动研究过程中教师与专家合作的具体表现如表 3-5 所示。

表 3-5　教师与专家合作的具体表现

研究过程	合作的具体表现
问题的提出	请教专家与同行，明确问题的价值（问题的初始调查需要专家的方法指导及其他任课教师的参与和协助）
问题的归因	校外专家可以对当前问题提供理论层面的归因可能性，校内同行可以提供各自对同类问题的归因经验，供研究者参考。研究者根据上述归因线索进行实证调查时，也需要其他任课教师的参与和协助
措施与行动	学科教学专家和校内同行可以在教案的设计方面提供帮助，也可以通过听课、说课和评课的方式，督促和检查研究者措施的落实情况
评估与反思	专家和同行可以帮助研究者进行措施的副作用分析和替代分析，促使研究者对研究做进一步反思，并从中明确下一轮教育行动研究的问题和归因方向

第四章

教育行动研究要特别注重哪些关键工作

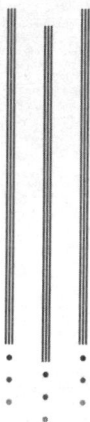

教育行动研究是一种以学校教师为主体的应用性研究，其目的一方面是"成事"——解决工作中的问题并概括出其中带有规律性的东西；另一方面是"成人"——提高教师的专业素养，形成自我发展的意识和能力。

教育行动研究是一种以学校教师为主体的应用性研究，其目的一方面是"成事"——解决工作中的问题并概括出其中带有规律性的东西；另一方面是"成人"——提高教师的专业素养，形成自我发展的意识和能力。要达到这个目的，教育行动研究就必须注重三方面的工作：理论的学习与指导，这是教育行动研究有效开展的前提和认识保证；实践经验的反思，这是教育行动研究的基础和内在支撑；经验的提升与改组，这是教育行动研究的结果与成效体现。

学习链接

关于教师的实践（行动）理论

教师是从事教育工作的实践者，教师工作具有"在场性""不确定性"和"价值性"特征，这决定了他们怎样看待理论以及需要怎样的理论。

教育实践者心目中也有种"理论（思维）图式"，虽然通常是缄默的，只能在一定程度上得到阐述，但它构成实践的要素。通过这种图式，实践者认识自己的经验，理解别人的教育实践——这就是本文所说的教师的"实践理论"。好的教育工作依赖于将理论与实践的关系看成一种反身的关系，两者之间相互形塑。教师的工作本身就包含了教师的实践理论，教师在理解、反思和行动三者的互动中不断对自己的理论进行修正。

因此，本文同意一些学者的观点，将当代教育理论分成两大类型：一类是学术理论，属于经验教育学和教育哲学的范畴；一类是实践（行动）理论，属于实践教育学。学术理论主要是为了说明和解释教育现象，揭示的是一种理想模型，与教育现实并不完全对应。而实践教育学是一种适合行动的理论或一种为行动提供指导的规范性理论，按照实践的需要和特定历史条件对可能的价值和规范进行选择。教师的"实践理论"即属于实践教育学研究的对象，它是一种体现在行动中的、出席在场的实践层次的"理论"，既是教师理解教育教学的前提，也是教师行动的依据。而学者与教师一起对教师的"实践理论"开展合作研究，则有可能构成第二层次的理论，或者可以称为"反思文本"（例如本文的分析）。这种研究与传统的旨在获得宏大理论的研究不同，关注的是教师的情境性知识，可以被归入实践教育学的范畴。

如果我们同意，教师与学者有不同的教育"理论"以及对理论和实践关系的理解，他们之间就不应该是指导与被指导、支配与被支配的关系，而应该是相互合作、对话协商的关系。即使双方不能总达成共识，但相互交流这一"遭遇"本身就具有潜在的"教育"意义：它会为教师提供更加广阔的知识视野，激发他们对自己的教育教学行为进行更加审慎的反思；也会使学者看到理论怎样遭遇着"实践逻辑"的阻隔，避免沉浸于纯粹的理论探讨，增强对教育主题的理论洞察力。在这个意义上，我们可以提出"实践联系理论"的命题，即实践走在前面，用教师自己的实践以及从中提炼出来的实践理论与已有的学术理论进行对话。教师的实践具有首要性，而学者的研究则为教师教育实践的明晰、提升和推广提供服务，而不是纯粹提供指导。

由于教师与学者的"理论"不一样，"理论联系实际"提法中所预设的学术理论高于实践理论的观点显然也不能成立。学术理论不一定能够最有效地促进教师的专业发展，教师具有自己独特的实践理论，需要被发觉和提升。如果我们同意，教师专业发展的前提是教师首先透彻地了解自己，那么了解自己的最好办法是先了解自己的实践理论。任何可言述的显性知识的获得都离不开默会知识的支撑，教师要理解学术理论的含义，认同其精神并在行动中落实，需要首先觉知自己的实践理论，才能在接受外来理论时找到结合点，与不同理论形成对话，与学者形成一个相互支持、相互补充、平等对话的"实践共同体"，其专业发展也才会有丰富、充沛、多样的"活水源头"。

[资料来源：陈向明. 理论在教师专业发展中的应用. 北京大学教育评论，2008 (01).]

一、 理论指导

教师是从事教育工作的专业人员，其专业行为是建立在研究的基础之上的一种有理论依据的理性化行为。从行动研究的角度讲，教师的"行动"不可能是完全"基于经验的行动"，而应当是"基于研究的行动"，这就需要教师认真进行理论学习，自觉地在理论的正确指导下行动，把理论与实践紧密结合起来，并对实践经验加以理论概括。其实，这也是教育行动研究同日常教育活动和一般经验总结的不同之处。

教育行动研究中的理论指导表现在哪些方面呢？

（一）遵循一定的研究程序与规范

作为一种研究的方法，教育行动研究不等同于日常的教研活动。学校传统的教研活动，如统一的备课、教案交流、教学观摩与评议、学习与讨论等，只是构成教育行动研究的一些具体操作形式和外显形态，其着眼点不在于深入地追索其规律性方面的蕴意，做法也没有形成特定的规范。教师一般的教学经验总结，离规范的研究还有一定的距离，这种总结往往缺乏系统和深入的考察和论证，许多经验总结仅停留在对问题的现象描述上，很少分析引起这种现象的原因，即使有也缺乏理论和实证调查的依据，同时，很少对措施和行动进行评估与反思，难免带有主观性和随意性。

相比较而言，教育行动研究更加体现研究的规范性，如重视对问题本身研究价值的分析，重视对问题的初始调查，重视实证调查在问题归因中的作用，避免主观臆断，注意将自己的措施和行动建立在客观归因的基础之上，注意日常资料的收集并据此对措施和行动的成效进行评估。教育行动研究在规范性方面的要求，集中体现在下述几方面，这些要求也是教学经验总结上升至教育行动研究所要努力的方向[①]：

——问题的提出是否恰当（重要性）；

——问题的界定是否清楚（明确性）；

——问题的归因是否正确（科学性）；

---

① "建立行动研究机制，促进学校改革与发展"第三次研讨会内部资料，2002年4月，杭州.

——措施和行动是否具体可行（可行性）；

——资料收集和记录是否真实全面（真实性）；

——措施和行动是否取得预期的效果（实效性）。

教育行动研究强调对具体问题作专业概念和因果关系的定位，从而形成比较清晰合理的研究框架，研究成果的行文也有一定的规范。

（二）注意资料文献的搜集与运用

规范的研究需要翔实的资料和文献支持。资料可以是直接获取的第一手资料，如观察记录、调查结果、案例轶事、实验数据等，这要求研究者平日即时进行记载、搜集和整理。资料也可以是文献形式的信息或理论。这里着重谈后者。

1. 做好研究的资料准备

行动研究的任何课题的研究都需要资料文献的参照与借鉴，因为文献资料可以告诉研究者本课题的研究领域内已经做了哪些工作，获得什么成果，有利于确定和限制研究课题与假设，提供对研究有益的思路、方法或修正的意见，同时为研究成果的解释提供背景材料。

首先，研究者要通过多种途径获取相关信息。

• 教育信息的来源

教育信息主要来源于教育文献。

从文献的物质载体看，可以分为印刷型文献、缩微型文献、机读型文献、声像型文献等。从文献的信息源流看，可分为一次文献（原始的第一手资料）、二次文献（经加工、提炼、压缩后的文献，如目录、题录、摘要、索引、手册、名录等）、三次文献（综述、评述、文献指南、年鉴等）。

从文献的分布状况看，教育文献广泛分布在各种书籍、期刊、教育档案袋和网络媒体中。有时，教育信息也可从各种会议、活动、实地考察、非文字材料以及专家咨询中获得。

• 教育信息的获取

教育信息的获得主要依靠文献检索。文献检索的过程大体要经过三个阶段：分析、准备阶段，搜索阶段和加工阶段，其活动流程可用图 4 - 1 表示。

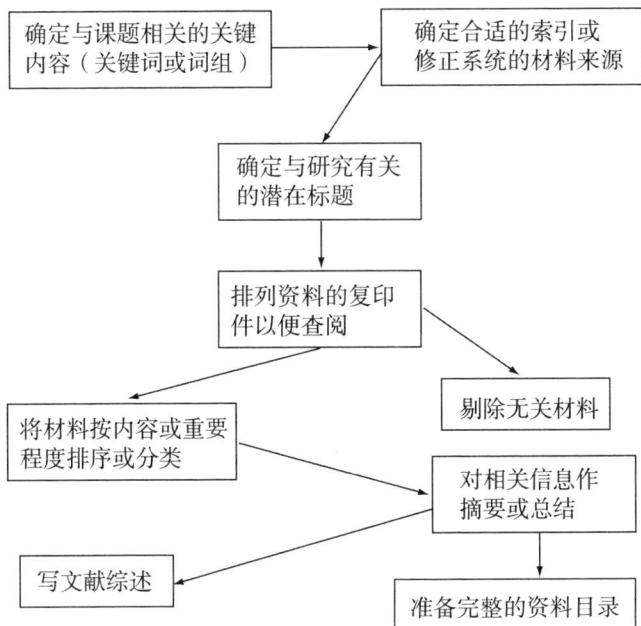

确定与课题相关的关键内容（关键词或词组）　→　确定合适的索引或修正系统的材料来源

确定与研究有关的潜在标题

排列资料的复印件以便查阅

将材料按内容或重要程度排序或分类　　剔除无关材料

对相关信息作摘要或总结

写文献综述　　准备完整的资料目录

图 4 - 1　查阅文献活动流程图[1]

• 文献查找的方法

一是顺查法。即按时间范围，以相关研究开始出现的时间为起点，按事件发生、发展时序，由远及近、由旧到新地查找。

二是逆查法。与顺查法正好相反，逆查法（倒查法）是按由近及远、由新到旧的顺序查找。这种方法多用于新文献的搜集、新课题的研究，而这种课题大都是需要最近一个时期的较新论文、专著，不太关注历史渊源和全面系统。

三是引文查找法，又称跟踪法。这是以已经掌握的文献中所列的引用文献、附录的参考文献作为线索，查找有关主题的文献。

---

[1]　威廉·维尔斯曼.教育研究方法导论［M］.袁振国，译.北京：教育科学出版社，1997：67.

四是综合查找法。即将多种方法结合起来的检索方法。

其次，研究者要分清各类教育信息的功用。

搜集各种信息资料的目的，是为课题研究服务，因此，研究者要分清资料具有的不同特性和功能，使它在行动研究中发挥不同的作用。

下面是一个着眼研究资料功能的分类系统表，研究者可以按图索骥，查找和分析各类资料。①

表 4-1　资料分类系统表

名称	功能	概念	内容	形式
事实性资料	事实证据	专门为教育科学研究提供事实证据的资料	古今中外已被发现和证实的各种形式、各种内容的事实资料，如文物、拓片、碑刻，教育史学专著、各种测验量表、各类教育实验报告、教育名家教学实录	古今中外的各种纸质、实物、电子资料
工具性资料	检索咨询	专门为教育科学研究提供检索咨询的资料	工具书、网上检索查新咨询、教育家评传、方法论著作	
理论性资料	理性认识	专门为教育科学研究提供理性认识的资料	教育专著、论文、文集、语录、教育家评传、方法论著作	
政策性资料	政策依据	专门为教育科学研究提供政策依据的资料	规章制度、改革文件、政府统计资料	
经验性资料	感性认知	专门为教育科学研究提供感性认识的资料	调查报告、工作总结、经验、随笔、杂谈、教育艺术作品、教育参考书、各级各类学校教科书、教学大纲	

最后，研究者要注意对研究资料进行分析。

获得的研究资料只有经过整理和分析以后，才能真正发挥其论证假说、说明事理、创新知识的作用。我国有的研究者提出，教育研究资料的分析可

① 喻立森.教育科学研究通论［M］.福州：福建教育出版社，2001：191.

以从三方面进行。①

· 编序归类分析

编序分析，即对大量资料按照某种性质或某几种性质，分门别类地进行编号，以利于存放、查询以及进行其他事项分析时提取。归类分析则是按照一定的标准（特别是功用标准）对研究资料进行归类。

· 求真取精分析

主要是鉴别资料的真伪精粗，做一番"去伪存真""去粗取精"的筛选工作。

· 引证引用分析

即对引用哪方面的资料、引用谁的资料、引用来干什么、怎样引用进行分析。

2. 学习与运用教育研究的方法论

教育行动研究是在科学理论指导下进行的，研究者无疑应当学习马克思主义、毛泽东思想、邓小平理论，学习"三个代表"的重要思想和科学发展观，学习党的方针政策。研究者还要具备一定的科学方法论的素养，就一项行动研究的课题而言，应当将"指导"理论与"学用"理论结合起来，善于运用教育科学理论来支撑课题研究。

· 习得理论思维

现代教育科学已经发展成为一个林林总总的庞大体系。研究者可以根据特定课题研究的需要，有重点地学习一些教育学、心理学、管理学方面的理论，注意从"观念""方法""语言"等方面吸取营养。我国有的学者提出，借鉴教育科学理论的方式和方法有②：

第一，推衍的方式。这是运用已有的教育科学知识、原理，经过理论的或逻辑的推导提出新的假设或可检验的命题，形成新的观念的方式。它包括三种情况：派生性阐释、扩展性分析、创建性推导。

---

① 喻立森. 教育科学研究通论 [M]. 福州：福建教育出版社，2001：198-204.
② 王铁军，陈敬朴. 中小学教育科学研究 [M]. 武汉：武汉大学出版社，1997：40-41.

第二，总括的方法。这是指在原有的某些教育科学理论基础上进行新的概括与组合，以形成新的观点与理论。这种方法有以下常见的情形：系统综合、边缘结合、横向贯通。

第三，具体化的方法。这是指将教育科学的基本理论或某一原理，转化为应用科学，进而将应用科学再转化为教育的技能、技术。

• 强调学以致用

要让教育科学理论成为"有用之学"，就必须运用这种理论去解决实践中的问题，但理论与实践还隔着一个"空间"，并不能"无缝对接"或"一一对应"，所以美国教育家舒尔曼提出要进行"教育学推理"。在行动研究中，研究主体对教育科学的贡献就在于运用教育理论去认识和处理教育活动中的各种复杂关系和具体问题，这本身就是一种创造性的思考和探索。苏联教育家苏霍姆林斯基曾经指出："教育科学只有当它去研究和解释那些最细微、最复杂的教育现象的相互依存、相互制约的关系的时候，才会成为精确的科学、真正的科学。"[①] 通常情况下，教育理论在实践中的应用需要从三个方面突破"疑难"：①教育理论的具体化、操作化问题；②教育理论的运用技巧、运用艺术问题；③教育理论无法预见，针对突发事件的对策问题[②]。

（三）重视理论的全面介入与渗透

教育行动研究不能只有"教育行动"而没有"教育研究"。"行动"与"研究"融合的关键是，在理论指导下实践，在研究状态下行动，把理论与实践紧密地结合起来，努力提高实践经验的理论概括水平。

理论主要有三种类型：一是有关因果关系的假设；二是价值取向；三是对问题的基本分类方法。教育行动研究重视在研究过程中发挥理论的作用，

---

① 苏霍姆林斯基.把整个心灵献给孩子 [M].唐其慈，等译.天津：天津人民教育出版社，1981：306.

② 喻立森.教育科学研究通论 [M].福州：福建教育出版社，2001：47.

主要体现在：理论对确定问题价值的指导作用、理论对问题归因的参照和启发作用，措施和结果之间的因果关系对专家构建或证实理论假设的案例示范作用。理论对教育行动研究的介入情况具体如图 4－2 所示。[①]

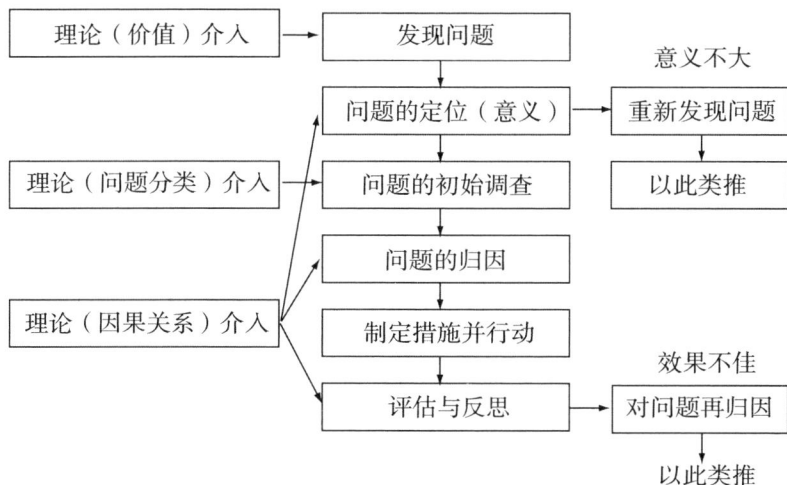

图 4－2　教育行动研究过程的理论介入点

由上图可以看到，教育科学理论全面介入和渗透进教育行动研究过程的各个环节，从发现问题、问题的定位、问题的初始调查，到问题的归因、措施与行动，再到评估与反思，都需要教育科学理论的指导和支撑。

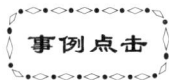

事例点击

表 4－2　"使用公共文具盒研究"中的实践与理论联系[②]

行动研究的阶段	实践方面	相关理论方面
提出问题阶段	一名一年级班主任发现学生常常因为文具问题产生矛盾，他认为应该解决这个问题。	不单表面解决这个问题，要从根本入手。（现象与本质）

①　汪利兵，等. 教育行动研究：意义、制度与方法 [M]. 杭州：浙江大学出版社，2003：24.
②　冉乃彦. 中小学教师如何做研究 [M]. 北京：人民教育出版社，2006：175-176.

行动研究的阶段	实践方面	相关理论方面
设想阶段	通过使用公共文具盒（小组共用一个公共文具盒里的文具）可以增强合作观念，养成爱惜文具的习惯、卫生习惯和动手能力，避免盲目攀比。	独生子女发展中突出的弱点是不善于合作，动手能力差。（有关独生子女特点的研究）学生不应只关注知识，要学会合作，学会交往。（"四个支柱"之一学会共处）
计划阶段	规定：四人小组共同准备一个文具盒、两块橡皮、12支铅笔……用完立刻放回；自己削铅笔；放学时共同检查有无丢失……	一年级学生课堂上合作机会不多，而小事情对年龄小的学生教育最深刻。（年龄特点）对儿童的教育必须与行动结合。（儿童心理特点）
行动阶段	开始时，经常发生争吵，经过一段"磨合"，逐渐配合默契，学生可以耐心等待……	量变到质变。（哲学理论）
考察阶段	养成了爱惜文具的习惯。铅笔用短了，套上笔帽接着用；减少了盲目攀比——不再带稀奇文具……	道德品质的形成要通过交往。（有关道德学习的理论）社会转型时期社会对青少年儿童的影响。（社会主义初级阶段理论）
反思阶段	教师认为"学会合作"是当今社会教育的主旋律，是教会学生走向社会的第一步。	（终身教育的理论，大教育的理论，教育方法的灵活性）
进入第二次循环	增加小组做值日的行动研究……	——

二、　实践反思

　　作为一种教育研究的方式，行动研究始终伴随研究者对自身实践的理性思考——实践反思。通过反思，教师深究行动的意义，获得对行动规律性的认识，提高专业自觉性和研究能力。可以说，实践反思是整个教育行动研究的核心和基础性工作。实践的反思贯穿行动研究的全过程，成为每一"行动"的理性表征。

（一）教师实践反思的意义

1."反思"的基本含义

反思，即"反过来想想自己"，是教师以自己的教学活动为思考对象，对自己所做出的行为、决策以及由此所产生的结果进行审视和分析的过程，是一种通过提高参与者的自我觉察水平来促进能力发展的途径。对教学经验的反思，又称反思性实践，是"一种思考经验问题的方式，要求教师具有做出理性选择并对这些选择承担责任的能力"。

杜威在《我们怎样思维》一书中把"反思"界定为"对于任何信念或假设性知识，按其所依据的基础和进一步结论而进行的主动的、持续的和周密的思考"。他把反思看成一种自省、思考、探究和评价，是指行为主体立足于自我以外批判性地考察自己言行的过程。教师的反思是指教师把自我或自己的教育教学活动本身作为意识的对象，不断地进行审视、深思、探究与评价，进而提高自身教育教学效能和素养的过程[①]。

把握教师"反思"的含义至少要注意三点：反思是针对自身教学活动的批判性思考；反思是指向问题解决的自主性行为；反思是对实践中的默会知识的自我开发。

2."反思"与行动研究

反思是行动研究者对教育教学行为及结果进行审视和分析的过程，本质上是一种理论与实践的对话，具有研究性质，既是整个行动研究的基础和前提，也是行动研究展开的关键和质量的保障。这种反思是研究者积极而能动的主体性活动，将研究者自身及其实践作为对象和客体，因而直接导致研究

---

① 李润洲，张良才. 论"教师即研究者"[J]. 教育研究，2004（12）.

者自身教育教学经验的结构改造和水平提升。

当教师对自我及其教育教学活动进行反思时，也就意味着教师踏上了教育研究的旅途。在研究的旅程中，教师既要探询教育中的多种因果联系，也要对潜在的假设进行追问。具体而言，当教师对某一教育信念、预设，某一教育行为、教育事实或现象进行反思时，就意味着对某一教育信念、预设，或对某一教育行为、教育事实或现象的理性追求，也意味着对某一问题的发现和对为什么发生这样的问题（解释）以及如何解决问题（解决方案）的估计和猜想。

教师对经验的反思，促进了"自我发展"与"实践改进"的统一。通过反思，"研究就出现了研究者与实践者这两类不同活动的主体合一的特殊状态。其效应是：教育研究具有强烈的自我反思特征，促使实践主体通过研究活动改变原有的教育观念，提高认识和完善教育活动的能力。这样的研究具有把作为研究者的实践者从原先的认识框架、思维和行为方式的框架中'解放'出来的功能。这种功能在实践研究者把研究对象指向他人的实践时同时存在，因为他从研究中得到改进自己实践和促进观念改革的影响。这种'解放'功能对教育实践的意义就是推进改革和促进完善。"①

3."反思"与教师发展

提出"教师成长等于经验加反思"的美国学者波斯纳曾经指出，没有反思的经验是狭隘的经验，至多只能成为肤浅的知识。

教师的专业发展不是某种外部注入的结果。教师的发展只能在自主发展意识和内发性动机驱动下，在与环境因素的互动中，通过对自身实践经验的加工、重组和提升而实现。这诚如考尔德希德所言："成功的有效率的教师，倾向于主动地、创造性地反思他们事业中的重要事情，包括他们的教育目的、课堂环境，以及他们自己的职业能力"，"反思被广泛地看作教师职业发展的

---

① 卡尔. 教育理论与教育实践的原理 [J]. 郭元祥，沈剑平，译. 教育与教育学，2000（01）.

决定性因素。"①"反思性实践家"这个新型的形象，为我们重新界定教师活动及其专业性提供了珍贵的启示。"②

教师反思过程实际上是将"学会教学""学会学习"与"学会研究"统一起来，努力提升教学实践的合理性，使自己成为学者型教师的过程。通过反思，通过研究，教师不断更新教学观念，改善教学行为，提升教学水平；同时形成自己对教学现象、教学问题的独立思考和创造性见解，使自己真正成为教学和教学研究的主人，提高教学工作的自主性和目的性，克服被动性、盲目性。

教师自身的经验和反思是教师教学专业知识和能力的最重要的来源。只有经过反思，使原始的经验不断地处于被审视、被修正、被强化、被否定等思维加工中，去粗存精，去伪存真，这样经验才会得到提炼，得到升华，从而成为一种开放性的系统和理性的力量。

（二）教师实践反思的内容

教师实践反思的内容是行动研究的认识基础和内在支撑。教师反思的内容是极其广泛的，涉及教师的信念与观点、知识与素养、行为与习惯。一般来说，教师那些深层次的内在价值系统和心理活动状况，是表现在其实践活动和行动方式中的，教师进行自我反思时，通常也会从考察和分析自己的实践活动入手，再追溯到行为表现和活动结果中蕴含的深层次信息，如什么观念和理论在支配自己，导致当下表现的原因是什么，有什么经验与教训等。

1. 从反思的目的看

布鲁巴赫在借鉴舍恩"行为反思理论"的基础上，把教学实践的反思分为"对实践反思""实践中反思"和"为实践反思"。

---

① 张立昌. 试论教师的反思及其策略 [M]. 教育研究，2001 (12).
② 佐藤学. 课程与教师 [M]. 钟启泉译. 北京：教育科学出版社，2003.

实践中的反思是教师在教学过程中不断地对问题及其情境进行思考、探究，以期更好地解决问题；对实践的反思意味着反思发生在实践之后，是对教学经验进行回顾性分析和再思考；前两种反思都是为了实践的反思，为了提升实践水平的反思。教师为实现教学实践的合理性，要不断地反观自己的教学活动。

2. 从反思的成分看

斯巴克斯·兰格提出了反思的三种内容成分。第一种是认知的成分，指的是教师在教学中是如何加工信息和做出决策的。第二种是批判的成分，指的是教师做出教学决策的基础，包括情感体验、信念、价值观和道德等成分，如教育目标是否合理等。它深刻地影响教师对情境的理解，影响所关注的问题以及问题的解决方式。第三种是教师的陈述，指的是教师自己的声音，包括教师所提出的问题，教师在日常工作中的写作、交谈以及他们对课堂教学所做出的解释等，这种对实际情境的解释可以使教师更清醒地看到自己的教学决策过程。

俞国良教授等把教学反思划分为三种类型。一是内容反省，指从认知层面上去了解假设或问题本身。例如，教师可以问自己：我的教学信念是什么？家长对孩子的学习有何看法？从过去的经验中学到了什么？二是历程反省，指通过与他人讨论或是反省的方式来思考这种想法与价值观。例如，教师可以问自己：我为何选择教师职业？社会对教师的看法如何？如何才能获得最新的信息？三是前提反省，指对问题的前提进行反思。例如，教师问自己：为什么我要质疑自己的教学行为？为什么他人的看法是重要的？为什么我要了解新的信息？

3. 从反思的结构看

我国有研究者认为，无论反思的具体对象是什么，一般都可以从三个方面把握它们的内容结构，那就是：两个思考维度，三个内容要素，四个基本问题。①

首先是两个思考维度。反思是为了提高认识水平，优化教育行为，增强实践成效，无论技术性反思、实践性反思还是批判性反思，也无论行动后反思、行动中反思还是行动前反思，反思的核心都在于寻求行动的合理性、有效性。所谓合理性，就是行动的假定合乎先进的理念（理论），所谓有效性就是行动的目标达成度高。

因此，教师的反思通常应当在理念与行动两个维度展开。

• 通过反思发现自己既有的理念（理论）同先进理念（理论）的差距，以先进理念纠正对问题（现象）认识上的偏差，使自己行动目标和行动策略的选择符合先进理念的要求，以增强行动的合理性。

• 通过反思发现自己的行动效果同行动目标之间的差距，调整与优化自己的行动方式，以提高行动的有效性和目标达成度。

其次是三个内容要素。由于反思是教师对自身亲历教育实践过程的行为及经验、观念、认识的再思考，所以任何一项具体的反思一般都包含以下内容要素：

• 对既往教育实践过程及情境的回顾；

• 对既往教育实践过程中自身认识活动（包括对问题、情境和信息的理解，行动动机与选择，效果判断以及情感体验等）的回顾；

• 对既往教育实践活动以及伴随该实践过程的认识活动，从不同的角度重新思考与认识，这是反思的主要部分。

在实际的反思中以上三者是交织在一起的。

最后是四个基本问题。

• 我为什么做我所做的？

• 我为什么这样做我所做的？

• 我这样做的效果怎么样？

---

① 郑慧琦，胡兴宏，等. 教师成为研究者［M］. 上海：上海教育出版社，2004：288-299.

• 我应当怎样进一步做好我所做的？

这些是反思者思考的关键问题：技术或手段的运用是否合理？效果如何？教育教学理论的运用是否适当？教育或教学目标的确定是否合乎时代和社会发展的需要？是否符合先进的教育理念？教育教学活动的安排是否符合教育规律？实现教育或教学目标的路径是否合理和有效？目标的达成情况如何？自己的教育行动是否合乎公正与平等的原则？是否不适当地运用了教师的权力？等等，都是上述关键问题的具体化。

（三）教师实践反思的过程

教师进行实践反思的过程存在极大的灵活性和变通性。经验总是依存于个体的，由于每个人的经验具有不同的性质和特点，每个人反思的方式与习惯也不相同，因此，经验反思的过程常常"因事而异""因人而异"。这里只是提供一个粗线条的理路，作为参照。

1. 反思过程的框架

科顿和斯巴克斯·兰格于 1993 年对反思的过程进行了描述，并提出了一个教师反思的框架。

• 教师选择特定的问题，并从可能的领域内，包括课程、学生等方面广泛地搜集这一方面的资料。

• 教师开始分析搜集来的资料，形成该问题的一般框架，同时在自己已有的知识中搜寻与当前问题有关的信息。这一过程有助于教师形成创造性解决问题的办法。

• 一旦对问题情境形成明确的框架，教师就可以建立各种假设，以解释情境和指导行为，并在内心对行动的短期和长期效果加以考虑。

• 在深思各种行动的效果后，教师就可以开始实施行动计划。当这种行动被观察和分析时，教师就开始了新一轮的反思循环，从而形成有效的反思环。

2. 反思过程的环节

奥斯特曼等人以经验性学习理论为基础，将教师的反思分为以下四个环节。

第一个环节，具体经验阶段。教师通过对实际教学的感受，意识到自己教学中问题的存在，并明确问题的性质和结构。

第二个环节，观察与分析阶段。教师开始收集并分析有关的经验，特别是关于自己活动的信息，以批判的眼光反观自身，包括自己的思想、行为，也包括自己的信念、价值观、目的、态度和情感。

第三个环节，重新概括阶段。通过分析、观察认识了问题的成因之后，教师重新审视自己教学所依据的思想，并积极寻找新思想与新策略来解决面临的问题。

第四个环节，积极的验证阶段。这时要检验上阶段所形成的假设和教学方案，它可能是实际尝试，也可能只是角色扮演。

总之，教师的自我反思是一个由表及里、由此及彼、循环往复、螺旋上升的过程。

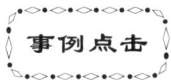

事例点击

初中作文教学"三次反思、三次改进"的行动研究

第一次尝试：让学生掌握作文讲评四步骤。

布置作文，写作前的指导虽然很重要，但我觉得作文的评改更重要。既然作文本上的评语作用不大，那么干脆就"权力下放"，把作文批改放进课堂，设法引起学生对修改作文的兴趣。我设计了作文讲评课的四个步骤：(1) 复习写作基础知识，回忆作文训练目标和作文指导要点；(2) 习作展示；(3) 学生讨论，指出优点，并提出修改意见；(4) 作文修改。

第二次尝试：让学生书面记录评改意见。

尝试结果，学生反应热烈。他们在讨论中发现了不少优缺点，并能针对作文的不足提出许多较有价值的修改意见。被展示的习作通过修改，出色了许多。但经过几次讲评讨论课后，我发现：多数同学能积极参与讨论，但对自己的作文，除了订正错别字之外，基本上不做改动。其中主要原因是，除了被展示习作之外，大多数同学没有书面记录，离开课堂后，就忘了修改要求，难以下笔修改。为此，我调整了作文讲评课的操作要求，让学生把对展示习作的意见用书面形式记录下来，并对照自己的作文，及时记录课堂上提出的可供自己修改作文时参考的意见。被展示作文的习作者针对别人的评判，可以作自我辩护或说明为什么这样写作，让学生在争论之中明确写作要领。

第三次尝试：让学生编好写作提纲。

指导策略的调整，在一些学生身上奏效，但有不少同学的作文修改只是作了细微的改动，改观不大。究其原因，是学生对照写作要求，觉得相距甚远，修改等于重写，太麻烦。确实，写作基础较差的学生，写一次已是不容易，重写更是头痛。为此，我开始强调写作前要精思，编好写作提纲。我了解到，大部分学生作文前没有计划，提笔就写，一气呵成，写到哪里算哪里。凭感觉写出来的作文，能勉强凑足篇幅，但很难符合作文要求。

第四次尝试：让学生在课堂内修改提纲。

起初，学生虽然编写了写作提纲，但作文的随意性还是很强。原因是多数学生编写写作提纲是为了应付老师。为此，我把提纲的讲评与修改引入课堂，要求学生在课堂内修改作文提纲，检查提纲与题目是否吻合，并把提纲写具体。教师巡视，挑出较好的提纲作示范。经过几次训练，学生作文偏题情况大大减少，作文讲评讨论后的"修改工程量"大为减轻。学生变得乐于动手修改作文了。

[资料来源：李萍，《初中作文教学之行动研究》，山东教育科研，2001（Z1）。]

上述实例中的教师把作文教学策略作为反思的对象，不断发现问题，又不断分析问题产生的原因，在后续的教学中尝试改进这些问题，使得自己的教学一步步贴近学生的实际和新课程改革的理念。这个过程就是持续反思、系统推进的过程，是教学反思的基本指向。

（四）教师实践反思的方法

反思作为一个过程，应有相应的模式和方法展现。这方面的研究和实践，已取得了较为丰富的成果。例如，俞国良认为，教学反思的具体方法有很多，主要有详细描述、问题讨论、行动研究、模拟与游戏、生长史与自传、接触新知、反思日记等。

1. 自主的经验反思

这一类经验反思主要是由个体自觉地进行的，是"自我"对经验自主进行重构的方法，一般可以单独操作。

• 经历回顾

一个人的经历并不等于经验，经验要在经历的基础上，通过思维的"高参与"才能"独立"出来，超越其情境局限性，成为个体解决问题的精神财富。而让经历成为经验的第一步是对经历进行回顾梳理和审视概括，使它不致成为"过眼云烟"。经历回顾的基本方法是写"生长史与自传"，在回顾成长历程的"重大事件"和"重要转折"中看到这一轨迹中富含的意义和启示。养成经历回顾的习惯有利于教师对经验保持"自知之明"，提高个人的自我意识。

• 意象重现

这是一种直观"经历"的技巧，即把发生过的事情像"过电影"一样过一遍，这在心理学上叫作系统地操作视觉意象。我们从容地审视意象，正仿佛看长长的电影胶片，可快可慢，可来回看，定格地看，边看边推敲，边看边检讨，边看边深思，拣出成功和得意之处，也挑出做错的、可以做得更好的地方，然后剪辑它，保存起来，成为以后决策和行动的"参考"或"样板"。

意象重现也可以借助于现代信息技术手段来实现，这就是"微格教学"中对自己教学录像的分析，这种分析也可以在他人的参与和帮助下进行。

• 换位思考

即利用一种虚构的或相似的情境，自己"设身处地"地"换位思考"和分析比较，从而认识自己教学活动的可取之处或某些偏差。如，我教自己的孩子读懂一篇文章，我会怎样教，现在我让学生阅读一篇课文，为什么我做那么多"走过场"和徒具形式而毫无实效的事。又如，听学生们的演讲"假如我是班主任……"，引发对自己班主任工作的反思。

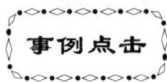

事例点击

一次"换位"的反思

王老师在朗读课文的时候将"蝙蝠"（biān fú）念作 biǎn fú，经同学们指正后，她表示："对不起，是王老师念错了。下次如果再念错，你们就罚我念一百遍好吗？"没想到第二天，写生字时，王老师又习惯性地把"蝙蝠"念作 biǎn fú 了。王老师陷入了尴尬的境地。怎么办？老师对孩子许下的诺言一定得兑现。就在王老师决定念一百遍，表示"请同学们在心里帮我数数"时，孩子们纷纷站起来表态了。有的说："一百遍太多了！"有的说："念十遍就可以了。"最后孩子们都赞同了小杰的意见："我觉得，王老师这回肯定已经记得很牢了。记牢了，一遍也不用罚读了。"

王老师看着天真无邪的孩子们，被他们的宽容深深感动了。她想起自己平时曾经无数次地用罚抄、罚读、罚做、罚扫地来对待犯错误的孩子们，不由地暗自惭愧。她自问：孩子们对于老师加给他们的动辄重复上百遍的惩罚，内心一定感到痛苦和无奈。也许正因为他们早就切身感受到这种教育方式的不合理，所以这一次他们也不希望老师经历这样的事。这些年来，自己为何不站在孩子的立场，设想一下他们被罚以"重复百遍"时内心的痛苦呢？孩子们说得好，既然记住了，何必再罚一百遍呢？自己教育犯错孩子的做法早就该改一改了。

[资米来源：根据王雅琴《学生没有罚我读一百遍》一文改写。]

• 自我诘难

自我诘难其实就是为自己制定一个"问题单"，针对实践中产生的困难与迷惑，提出一系列引导自己追索的问题，使理性思维步步深入。有时，当自己的专业发展进入"高原期"，表现出某种停滞时，我们也可以对目前的境况和期望进行推理，寻找问题的症结和突破点。

学习链接

一份问题单

对自身素质和专业成长的反思包括：我为何选择教师职业？社会对教师的看法如何？我的教学信念是什么？家长对孩子的学习有何看法？从过去的经验中我学到了什么？自己进步和不足的原因何在？等等。

对教学行为的反思包括：教学行为是否明确？课堂活动是否围绕教学目标来进行？教学目标是否达成？教学情境是否和谐？学生的积极性是否被调动？能否在教学中及时掌握学生学习状况和课堂中出现的问题？能否及时调整自己的教学节奏和教学行为？教学过程是否得到优化？教学方法是否灵活？教学手段优越性是否体现？教学策略是否得当？教学效果是否良好？等等。

对学生学习情况的反思包括：学生在学习过程中学到了什么？形成了怎样的能力？提出了什么新的问题？解决了什么问题？等等。

对课前教学计划的反思包括：教案是否切合学生的实际？是否有利于学生的发展？是否体现因材施教的原则？存在哪些问题？如何改进课堂教学设计？等等。

对教学评价的反思包括：评价方案是否符合现代教学观、人才观？是否具有差异性、多样性、开放性、发展性和综合性的特点？是否注重知识与能力、过程与方法、情感态度与价值观的多维评价？等等。

• 教历记载

"教历"是教师对某项具体教育经历的即时扼要记载，如一堂课、一次活动、一件事等的实施要点及心得感悟，正反的经验教训都可以写，文字也可长可短。这种像医生记病历一样把处理过的事情简洁地写下来的行为，应当成为教师的一种日常习惯，以便于教师整理思绪，追索情由，寻找改善自身实践活动的办法。教历记载最重要的要求是及时、简要，尽量保持鲜活的特点和要言不烦。

教历的记载有两种基本方式：一种是"教后记"或"日志"，可采用工作附记的办法在事后随即写下；另一种是日记与随笔。日记的内容可以包括生活上的经历、与他人的对话、深度的感触、隐喻、期望等，教师可以设计适合自己的撰写格式。撰写日记最主要的目的是运用自我分析的方法，检验自己的观点、想法和感触，以达到自我反省的境界。

• 案例撰写

案例撰写是选择一些典型的有普遍意义的教例、个案进行整理和分析的过程，它虽然用"叙事"的手法在描述具体的事件，但它叙事的背后却富含着叙事者的选择、思考和追问，所以案例撰写的过程始终伴随着叙事者的反思和对解决问题的追求。

• 阅读比照

阅读比照的旨趣在于让教师"接触新知"，以触发教师的自我意识，使教师在比照中反求诸己，产生变革与创新的愿望和行动。当然，接触新知也可以通过听取讲座或主题研讨来进行。这里需要强调的是，教师必须走向更广阔的文本阅读或教育理论阅读。因为文本阅读的过程其实就是一种在积极调动自己已有的经验背景（已有的个人理论）的基础上，深刻而独特地去体验、理解、感悟文本和再造文本（新的个人理论）的过程。教育理论能够将教师个人的观点和具体的经验性信息整合为一整套的思维框架，使我们的认识更深刻，鉴别能力更强；教育理论还能赋予教育事实以意义，并将它们置于恰当的视角，作为读者的教师可以由此明确研究的问题，并以此为起点反思自己的教育教学，从而找到产生问题的原因和解决（或改进）问题的方法。

• 建档集成

教师应当建立个人的档案来促进经验的集成。教师的个人成长档案袋能将教师的实践过程、经验得失、优秀教案和事例、获奖作品、课题研究总结等积聚起来，可以防止教学感受、教育机智的流失，也可以为教师今后的反思总结、进行行动研究提供鲜活素材，促使教师有效进行自评、自查、自省、自改、自主提高。

2．互动的经验反思

把经验反思放到人际相互作用的格局中，能使教师超越个人经验的局限性，在合作互动和交流中实现经验的扩充、提升和共享。

• 寻找参照

任何人的自我意识，都是从"他人"这面"镜子"的反映中获得参照而发展起来的，所以教师要利用映照自己的各种"镜头"。美国教育学教授布鲁克菲尔德大力倡导教师成为批判反思型教师。他认为，在批判反思型教师开始踏入批判反思旅程的时候，教师们就有了"四个镜头"，通过它们，教师们可以观察、批判、反思自己的教学。这四个镜头是：①我们作为教师和学习者的自传；②我们学生的眼睛；③我们同事的感受；④理论文献。通过这些不同的镜头来观察自己的实践，教师们"就会对自己所持有的扭曲的和不完整的假定产生警惕，并对它们做进一步的审查"[1]。这实际上就是从不同的视角全面地进行自我反思，即从自己的经历中反观自己；通过学生的眼睛审视自己；从同事的反馈中检查自己；从理论的解读中反省自己。[2]

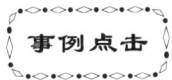

┌─────────────┐
│ 事例点击 │
└─────────────┘

学生的话，一面公平而神奇的镜子

合上王玲同学的作文本，我的心久久不能平静，"侯老师，你好狠心啊"这句话，像钢针一样刺扎着我的心！我感到好痛，但在心痛后又有一丝欣慰掠过心头。

---

①　斯蒂芬·D. 布鲁克菲尔德. 批判反思型教师 ABC［M］. 张伟，译. 北京：中国轻工业出版社，2002.

②　赵昌木. 教师在批判性教学反思中成长［J］. 教育理论与实践，2004（09）.

事情还得从昨天的作文课说起。一上课，我刚说："这节课我们写作文，"一个"唉"字便异口同声地从学生口中吐出。于是，我没有像往常一样和学生看作文要求，而是先和学生聊了起来。我问："你们觉得为什么要写作文？要实话实说。"有的说"因为老师让写"，有的说"作文写得好，可以受到老师的表扬"。我说："写文章，其实是表达自己情感的一种方式，有时我们心里有好多话想让别人知道，就产生了表达的欲望，如果不表达出来，心里会憋得很难受，有一种不吐不快的感觉，然后就写出来，一吐为快，这就是写作，这样写出来的文章才有真情实感。"有的学生问："你说的是真的？骂人也行？"我说："我说的，怎么写都行，你们一百个放心，谁说真话谁得高分。"学生很快一个个都动起笔来。

批阅作文时，翻开王玲的作文本，题目"侯老师，你好狠心啊"一下子映入了我的眼帘，我心里一惊，迫不及待地读下去。原来她写的是今年春天我和学生春游的事。

她在文中回忆说："在弥河边游玩时，你捉到了一条小鱼，竟然装在了刘力的易拉罐里，你应该知道，刘力可是出名的'调皮大王'啊！这条鱼落到了他的手里，命运可想而知了。幸亏我最后死皮赖脸地向他要了过来，放回了小河，不然那条小鱼必死无疑。"当时我确实捉到了一条小鱼，但怎么处理的，早就忘干净了，没想到她竟然记得如此清楚。

她还在文中说："侯老师，你教我们学《雪猴》《海豚救人》这些课文时，说'动物是我们人类的朋友，我们一定要保护他们'。平时，你也经常说'有些人随便杀害动物，我们可不要像他们一样'。说得多好啊，可你自己做到了吗？你怎么能这样对待那条小鱼呢？它不也是有自己生命的吗？侯老师，你好狠心啊！我真搞不懂你怎么会这样。"读到这里，我的脸在发烧，我为自己的行为感到内疚，她说得多好啊，一针见血，真是童真无价！她还说："如果不是你今天让我们说心里的话，我保证不会把这件事说出来，也感谢你给了我这个说真心话的机会，我喜欢这样的作文。"为什么孩子平时写作文时咬着笔头没话写，我终于找到了答案。

作文评析课上，我读了王玲同学的作文，并走到了她身旁，郑重地说："对不起，那一次老师真的做错了，谢谢你对老师的提醒和帮助。"我还立下了一个规矩："写作文就是想怎么写就怎么写，想写什么就写什么。以后谁也不准说心里不想说的话"。同学们听得那样投入，王玲更是听得入神，在她那双明亮的大眼睛里，分明有真情的泪光在闪动。

童言无忌，学生的话语就是一面公平而神奇的镜子，老师们，请珍视！

[资料来源：侯忠彦. 学生的话，一面公平而神奇的镜子. 中国教育报，2006-09-16.]

• 主题对话

对话的类型主要有以下几种。①信息交流。教师通过彼此间信息的交流可以最大范围地促进教育信息的流动，从而扩大和丰富教师的信息量和各种认识。②经验共享。教师通过经验分享，反思和提升自己的经验，借鉴和吸收他人的经验。经验只有被激活，被分享，才会不断升值。③深度会谈（课改沙龙）。深度会谈可以是有主题的，也可以是无主题的。深度会谈是一个自由的开放发散过程，它会诱使教师把深藏于心的甚至连自己都意识不到的看法、思想、智慧展示出来，表达出来，这个过程同时是具有生成性和建设性的，它会形成很多有价值的新见解。④专题讨论（辩论）。专题讨论是大家在一起围绕某个问题畅所欲言，提出各自的意见和看法。在这个过程中，大家互相丰富着彼此的思想，不断地提高自己和同事对问题的认识。知识也因此不断地变更和扩张。⑤网上言说。在网络环境下建立一个互动交流的平台，使教师针对某一事件和问题，广开言路，实现集思广益的思想碰撞。

• 集体叙事

集体叙事主要是在教师个人叙事的基础上进行集体的交流和研究。教育叙事是教师专业生活事件的真情告白，与教师及其生活有着天然的联系，它把有关的教育理论和思想引入教育生活之中，并通过教育生活经验的叙述促进教师对于教育及其意义的理解，进而引发教育觉醒和课程变迁。教育叙事总是伴随着故事叙述者对一定教育现象、问题的追问、反思。当教育叙事在教师集体中展开时，一个人的教育故事就会触动、引发其他人更多的故事，于是，相互共鸣、追忆联想、反身自问、思索研讨也就自然而然地产生了。

学习链接

集体叙事的操作

集体叙事又称"我们一起讲自己的故事"，它包括以下环节。

（1）进入情境：可以是真实的情境也可以是描述性的情境，可以是经典性的情境也可以是日常性的情境。集体叙事要求参与者共同进入一个规定的情境，以便具有共同的话题和语境。

（2）分别叙事：参与研究者以口述的方式分别就情境中的某一过程、某一细节、某一问题，以自身曾经亲历的情境或假设性的"在场"，来叙述和描绘自己的教育教学故事。

（3）归纳问题：将具有不同处理方式或具有讨论空间（体现不同思想和理念交锋）的共性问题提交出来，展开讨论和协商，形成基本认识和处理的多种方式。

（4）重新叙事：以参与研究者口述故事为原本，根据讨论和协商所形成的新认识、新体验，分别形成叙事性的文本——具有新质的教育教学故事。这里的"新质"是指从新的认识角度来审视和反思自身的故事，从而形成新的意义和价值。

（5）形成集体叙事文本：将所有的故事按主题、类型或过程，进行编辑和处理，可以通过引言、图片、注解、眉批、旁白、提示等方式，增强叙事文本的现场性、丰富性和拓展性。显然，在校本行动研究的实践中，集体叙事也有多种类型的变式。

[资料来源：彭钢. 校本研究：基本规范与价值取向. 教育研究，2004（07）.]

• 行动教育

由上海市教育科学研究院副院长顾泠沅牵头提出的校本教研"行动教育模式"，出于对促进教师专业发展的需要，吸取了"行动研究"的合理成分，但对其缺陷做了改进。"行动教育"是以课例为载体的、教师在教育行动中成长的模式，它包括教师的三个关注：关注个人已有经验的原行为阶段；关注新理念之下课例的新设计阶段；关注学生获得的新行为阶段。

连接这三个关注的是两次有专业引领的合作反思：反思已有行为与先进理念、先进经验的差距，完成更新理念的飞跃；反思理想的教学设计与学生实际获得的差距，完成理念向行为的转移①，这一模式把反思贯穿于案例学习与行为跟进的全过程。

• 相互观摩

这是以某一堂课或某一项活动为载体，通过教师群体的共同观察、独立思考，在执教者自我陈述（如说课）、观察者议论评析中，集中众人的智慧，展开思想的交锋，提出建设性意见的集体反思活动。

• 模拟与游戏

即通过模拟情境或电脑的虚拟情境来让我们对事情产生不同的观感，或由不同的角度来发现问题，例如扮演失聪的老人、模拟危机发生时的情况等。

三、　经验提升

教育科学研究是一种创造性思维活动，其目的是对事物及其关系与联系有一种理论性的认识，并能用这种认识去解决实践中的问题。因此，教育行动研究必须对行动中获得的直接经验进行理论概括。经验概括一般也称为经验总结。

（一）教育经验提升的意义

《辞海》对"经验"作了如下解释："①泛指由实践得来的知识或技能。

---

① 顾泠沅，王洁. 促进教师专业发展的校本教学研修［J］. 上海教育科研，2004（02）.

②通常指感觉经验，即感性认识，是人们在实践过程中，通过自己的肉体感官（眼、耳、鼻、舌、身）直接接触客观外界而获得的，对各种事物的表面现象的初步认识。它的本原和内容都是客观的。"这一解释也指明了"教育经验"的一般特征：由实践中得来的，对事物表面现象的感性的初步认识，它的内容和本质都是客观的，有待上升为理性认识。

1. 教育经验的获得

教育经验是从实践活动中得出来的，但实践活动本身并不能自然地变成一种对事物的本质和规律的理性认识，因此，研究者需要对实践活动的过程和结果进行"思维加工"，把在实践中经历过、感触到的片段，分散和零碎的体会集中起来，上升到理性认识，从中找出规律性的东西，肯定成绩，明确问题，得出经验教训，并用文字写下来，这就是经验总结。

教师总结经验必须具备两个基本条件：一是教师要积累一定的教学经验，有经验可总结；二是教师要掌握经验总结方法，具备应有的思维能力，如分析能力、比较能力、抽象与概括能力等。如果没有第一个条件，经验总结也就成了"无米之炊"；如果缺乏第二个条件，则必然会对经验总结带来一定的局限性。所以说，教师的经验总结就是这两个要素的有机结合。

2. 教育经验的价值

苏联著名教育家苏霍姆林斯基在《和青年校长的谈话》中讲过："只有善于分析自己工作的教师，才能成为优秀的、有经验的教师。"教育经验是教师胜任教育工作、进行教育创造、提高专业水平的"基础"，每位教师都应珍视自己的这一笔精神财富。

• 教育经验主导着"实践"

教育活动领域是一个充满变化和创新的复杂领域，教师从事专业活动不仅需要一般的理论形态的知识，而且需要实践性的知识。陶行知先生在《"伪知识"阶级》一文中讲过："知识有真伪。知识与行为结合而产生的知识是真知识，真知识的根是安放在经验里的。"我国课程理论家钟启泉认为，作为专家的教师，是以"实践性知识"为基础和特色的①。这种"实践性知识"是一种依存于特定情境的经验性知识，它是高度个人化的、"默会"的知识，渗透于教师的具体行动中，积淀于教师的活动经验里。因此可以说，教师的教育经验主导着教育的实践，是其"行动"的依据。

• 教育经验蕴含了"创造"

教师的工作不可能是按照某种理论或规定去"照章行事"，教育实践有自身的逻辑。根植于日常教育实践的教育经验，充满着教师的创造。这就如丁钢教授所指出的，"日常教育实践活动绝非仅是一种被动的策略，事实上它们向规范体系中注入不断翻新的内容，这种实践过程也构成了一种精细的策略艺术，即如何把自己的差异融进占主导地位的规范体系之中"。"我们需要揭示那些在教师群体或个人中分散的、策略性的以及权宜性的创造力所采取的潜在形式，即在日常教育实践中的运作方式，描述其潜在的变化因素。把日常教育实践作为教育理论研究的出发点，着力关注教育实践者对教育的主动参与，并使日常教育实践成为教育教学变革的沃土"②。

• 教育经验产生出"理论"

任何理论都来自实践并接受实践的检验。教育经验是实践成果的思维加工产品，更应当成为理论产生的直接来源。1967年，格拉斯和斯特劳提出了"扎根理论"，他们指出，在社会科学研究中，通过系统化的资料搜集及分析的程序而被发现的理论，称为扎根理论。而这套系统化的程序，就叫扎根理论研究法③。实际上，"扎根理论"就是指从经验材料中提取和建立的理论。"扎根理论"不像一般的宏大理论，不是对研究者自己事先设定的假设进行演绎推理，而是强调对经验资料进行分析。"扎根理论"主要通过比较，找出相关关系来提炼类属，然后建立一个形式理论。

---

① 钟启泉. 现代课程论 [M]. 上海：上海教育出版社，2003.
② 丁钢. 教育与日常实践 [J]. 教育研究，2004（02）.
③ 潘慧玲. 教育研究的取径：概念与应用 [M]. 上海：华东师范大学出版社，2005.

┌─────────────┐
│ **事例点击** │
└─────────────┘

有效教学"四条原理"的产生

顾泠沅在主持青浦数学教改实验时，先是对所有的初中数学教师进行调查，获得教学经验（含教训）至少160项，实践筛选后归纳成四条：①让学生在迫切要求之下学习；②组织好课堂教学的层次；③在采用讲授法的同时辅之以"尝试指导"的方法；④及时提供教学效果的信息，随时调节教学。这仅仅是有效经验，各条经验是否对提高教学质量具有必然性，这四条经验的内在关系如何，必须进一步进行教学实验。经过三年实验研究和理论探索，研究者最后归纳出"情意原理""序进原理""活动原理"和"反馈原理"四条有效教学原理，并进行了理论联系实际的阐述。后来他们拿四条原理的文稿去征求高校教育专家的意见的时候，教授问及从古到今提出过许多教育原理，为什么青浦就只有四条，回答是这四条在青浦教改中具有独特有效性，教授表示赞同。最后这四条成为国家推广青浦教改经验的主要成果之一。

3. 教育经验的特点

在一般意义上，我们把教育经验的提升称为教育经验总结或教育经验概括。在教育行动研究中，教育经验的研究其实包含了三方面的内容：一是教育经验的积累；二是教育经验的重构；三是教育经验的共享。

我国学者吴刚平认为，教育经验与教育经历并不是一回事，与教育经历相比，教育经验大体具有三个基本特征[①]。

一是必须有教育经历做基础。这一特征提示我们应重视教育教学过程中的点点滴滴，这些在日常教育教学中发生的、看似平凡和琐碎的点点滴滴，恰恰是我们获得教育经验的重要基础和前提。

二是具有思维活动的高参与性。这一特征表明，教师要形成和积累丰富的教育经验，就必须在教育教学活动中动脑筋，想办法，勤于观察，肯钻研

---

① 吴刚平. 教育经验的意义及其表达与分享 [J]. 全球教育展望，2004 (08).

问题，不断地加深对教育的理解，不断地有认识水平的提高和认识成果的获得，不断地改进自己的教育教学行为。这正如美国著名教育家杜威所说："没有某种思维的因素便不可能产生有意义的经验。"①

三是对教育者个体的依附性。也就是说，教育经验是依靠教育者特别是教师个体自身积累起来的。这意味着，一方面教师本人的离开、遗忘或者消失，会导致教育经验相应的离开、遗忘或者消失；另一方面，教育经验本身具有一定的个体局限性，因为个体的教育经验总是产生于某种特定的具体教育情境之中，它需要通过不断的交流才能达到更好的澄清、积累、保存、弥补和扩展，具有"普遍"的意义，进而变成教师群体的财富。

我国学者在论及教育经验的研究时，曾经概括出这种研究具有四个特征：

——教育经验研究是一种质性研究；

——教育经验研究是一种综合性研究；

——教育经验研究是一种回溯性研究；

——教育经验研究是一种追因性研究。

（二）教育经验提升的方式

教师的教育经验研究通常开始于教育实践，在实践中积累一定的事实材料和初步认识以后，经过反思或交流，以文字、音像等物化形式记录、整理、保存下来，进一步在群体中传播、澄清和完善化。一般来说，教师的教育经验研究方式和教育经验总结或教育经验表述的方式难以分割。

1. 教育经验的概念化

所谓"教育经验的概念化"，就是以概念或概念系统来表述我们的实践经验，或者说是以理论表述的形式去抽象概括实际经验。这是教育经验研究最主要的一种方式。教育经验的概念化，作为教育经验走向教育理论的一种表

---

① 约翰·杜威. 民主主义与教育 [M]. 王承绪，译. 北京：人民教育出版社，1990：153.

达方式，是一种简约化的机制，它可以帮助我们确定问题的范围和核心所在，"缩小包围圈"，在思想和行为上从复杂和繁乱中寻找简单，建立秩序，从而使教育的不断改进和完善成为可能。

教育经验概念化的实质是从经验事实中"提炼"出观点和理论。按照我国学者吴刚平的研究，概念化可以围绕以下几方面进行。[①]

• 寻找核心概念

当我们发现一些有研究意义的教育现象和问题时，我们就可以去努力寻找一个或几个相应的核心概念来标识和表达我们的教育经验，用以指导我们的教育实践。这样的教育概念既可以从已有的概念中移植、借用和改造，也可以创造性地提出。

• 构筑概念框架

这是对已经找到的概念进行陈述，告诉人们概念所指称教育事实的主要属性以及相关概念间的联系。当一个或几个核心概念不足以完整地表达教育经验时，我们往往还需要运用一些子概念和相应的范畴来构筑概念系统或概念框架，因为单个概念只有在与其相关的概念框架体系内才能获得其准确的意义。

• 解释教育现象

构筑概念框架实质上是建立起一个研究和解决问题的基本模型，它是帮助我们探究、分析和解决问题的思想支架，而不是限制和束缚我们思想认识的枷锁。所以，我们应善于运用一个合理的概念框架来解释我们经历的教育现象、教育事实和教育行为，让这个概念框架把教育实践中的问题放大，这样我们就可以对问题的症结、要害或本质、原理、要领看得更加清楚和明白，澄清误解，消除曲解，加深对教育的认识和理解，探索正确的行动策略。正是在这种解释教育现象的过程中，我们不断地积累、澄清和表达着自己的教育经验，相互交流和丰富彼此的教育经验。

---

① 吴刚平. 教育经验的意义及其表达与分享 [J]. 全球教育展望，2004（08）.

• 改善教育实践

教育经验概念化的最终目的是改善教育实践。"实际上，真正建立在原理水平上的认识蕴含着巨大的丰富性。唯有原理，才具有认识实践的穿透力，成为创建新实践的理论基石"[①]。

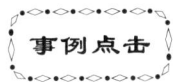

事例点击

"教育经验概念化"两例

湖北省石首市实验小学实施了"优势教育与和谐发展"课题。课题的一篇总结文章概括了优势教育课堂教学时序结构的三大阶段。

第一阶段：以"知"引"不知"——激发学生表现欲阶段；

第二阶段：以"惑"引"释惑"——诱发学生成功感阶段；

第三阶段：以"懂"引"用"——发展学生自信心阶段。

如果要更概括地表达这三大阶段，我们可以用"三引"来表述。

北京市西城区新世纪实验小学在构建素质教育的办学模式中，提出了"三体结合"的教育模式和"三动合一"的课堂教学模式[②]。

"三体结合"指"全体、整体、主体"结合，具体是：面向全体学生；提高整体素质；发挥主体作用。

"三动合一"指"生动、主动、活动"结合，具体是：让学生生动地学习；让学生主动地学习；让学生在活动中学习。

2. 教育经验的叙事化

"概念化"是对大量经验事实的概括，但在许多情况下，教育经验的概念化表达方式往往只呈现概念和范畴本身，而恰恰忽略了这些概念和范畴所依托的经验事实和具体情境，造成"教育研究越是精确，其与人类经验的联系越少"。因此，我们需要重视经验研究的另一种方式——叙事化方式。"叙事

---

① 叶澜. 教育研究方法论初探 [M]. 上海：上海教育出版社，1999：347.

② 高丽英. 素质教育的办学模式及实施策略 [J]. 中小学整体改革简报，1998 (01).

的研究其实就是要回归各种各样的教育经验，或者说教育经验的活水源头"，"关注的是教育实践经验的复杂性、丰富性与多样性，同时在研究者和读者之间开放教育理论的思考空间，引申出教育理论视域的复杂性、丰富性与多样性"①。

教育经验的叙事研究就是由教师本人"反思"和"叙述"自己在教育教学探索中所遇到的一系列教育事件。通过对教育事件的反思和叙述，教师澄清、积累、保存、丰富和公开自己的教育经验，进行教育经验的交流与分享，提高自身的教育教学修养和水平。这种表达方式改变了以往抽象的议论文或说明文式的理论提升或逻辑推导，转向记叙文式、散文式、手记式、口语化的讲故事、谈体会。这种表达方式可以指向课堂教学叙事、学校生活叙事和教师自传叙事。

3. 教育经验序列化

这其实是以一种列举的方式排定各种经验事实，特别是当实践经验主要指向各种具体"做法"并从不同角度去探索的时候，经验常常以某种序列的形式被呈现出来。当然，这种序列化了的经验也要有一个中心，也要围绕一定的观念或概念，也要有一个内在的叙述逻辑，但它的重点并不是要抽象和概括出什么理论的认识，而是要缕述各种具体化操作样式。许多经验研究都是循着这种"发散""具体化"的思维方式而进行的。

事例点击

一

北京市朝阳区牌坊小学，针对主体教育刚刚开始时教师存在的问题，提出教师要"尊重孩子，保护孩子自尊心"的要求。通过教师的实践，这一措施取得了比较好的效果。最后，学校将这些做法归类为"六不"：不要简单否定孩子的想法，不要丑化孩子的形象，不要说孩子"不可救药"的话，不要动不动就揭露孩子的短处，不要强制孩子一定照大人的意见做事，不要让孩

---

① 丁钢. 教育经验的理论方式 [J]. 教育研究，2003（02）.

子在公众面前难堪。

二

某教师创造了启发学生回答问题的十种方法：第一是积极等待法，因为有时学生回答不出问题是由于心慌意乱，所以教师应当安定他的情绪，耐心等待；第二是旁敲侧击法，学生在思考主要问题时，再提一两个有关的问题，加速学生的思考；第三是回忆法，让学生回忆有关的旧知识，以便解决新问题；第四是铺垫法，提一两个较浅显的问题，让学生顺着这个思路往下想；第五是点拨法，在关键点上指点一下学生；第六是激将法，做出要让别人回答的样子，激励学生加快思考；第七是分辨选择法，让别的学生七嘴八舌地回答，或者教师提出多种答案，让学生自己思考分辨，选择正确答案；第八是回述法，由教师或别的学生正确解答之后，让这名学生回述；第九是暂停法，让学生课下再思考，然后找老师回答；第十是加深扩展法，当学生答对了，再提一两个更难、更宽的问题。[①]

（三）教育经验总结的撰写[②]

1. 教师经验总结的基本过程

一项成功的经验不是在头脑中自发生成的，也不是在实践中自然产生的，而是教师在"实践→反思→再实践→再反思"的循环中产生的，它既是教师实践的产物，又是教师不断思索的结果。因此，教师要总结自己的教学经验，首先要从自己的实践中去发掘，再通过比较、分析、概括等思维活动来加以提炼和总结，既要从操作层面上来反映经验，又要从理论层面上来阐述经验。

· 经验性材料的积累与搜集

经验性材料是指存在于教师记忆深处的或蕴藏在教师的教案、教学笔记

---

① 徐世贵. 中小学教师教育科研 [M]. 沈阳：辽宁民族出版社，2001：219.
② 郑慧琦，胡兴宏. 教师成为研究者 [M]. 上海：上海教育出版社，2004.

之中，能直接或间接体现教师的教育教学经验的各种形式的原始材料。材料的搜集是经验总结的第一步，也是教师经验总结的基础。教师要多方面地搜集自己的经验性材料，包括教案、教学笔记、教学心得、随笔、自己编写的练习卷、习题集、摄制的录像课等。教师还可以从同事、学校领导和一些教育专家那里以及学生的反应中了解他们的看法。

教师在平时的教育教学过程中，要有意识地去积累材料，不仅要进行材料保存、归档，还要把自己的一些想法，或思考的问题记录下来，或在教案上注上自己的意图和设想，写一些上课后的心得体会，写一些教学随笔、教后感之类的文章，及时记录自己在教学过程中的点滴感受，记录自己在教学中运用的方法手段及所取得的效果。

• 经验材料的分析和提炼

这是教师对教学材料进行分析、加工的过程，也是对各种教学经验进行概括与组合的过程。通过这种分析、加工，教师在自己的头脑中初步形成一个比较清晰的关于经验的主要内容的整体框架。对经验的分析着重于对各种材料进行筛选归类，揭示各种材料的内在价值，找出各种做法之间的关系和联系。

分析和提炼教学经验，可以运用比较的方法，一是纵向比较，即把自己目前所用的方法与以前所用的方法相比较，看不同在哪里，有什么改变；二是横向比较，即把自己的做法与其他教师的做法相比较，看区别在哪里，自己的方法有何特点。教师要注意提炼自己有特色的经验和与众不同的且有明显效果的经验，即使是一些与其他教师有相同意义和相似内容的经验，也要总结出其中不同的做法，发掘出自己不同的思考点。

• 经验总结报告的撰写

撰写经验总结报告的过程是对原有材料进行重新整理与组织的过程，也是对自己原有的认识进行梳理的过程，使它更加清晰化和条理化。在写经验总结报告之前，教师首先要确定自己经验的主题，并根据这个主题来选择材料，选择那些有价值的，能充分揭示你的经验主题的材料，而把那些与主题无关或关系不大的材料舍去；然后构建文章的框架，根据文章的框架，把各种材料放到相应的框架内，使各种材料在整体上形成一个逻辑体系，在自己的头脑中形成一个比较完整的思路。

经验总结报告鲜明的主题要通过具体的内容来体现。教师写经验总结报告往往采取记叙、描述、举例等方法，把自己在教学中的做法具体地写出来，使人看了你的文章之后，能清楚地了解你是怎么教学的。教师要尽量写出自己在教学中的独特之处，体现出个性，对于某些有丰富内容的经验，可以写一篇总的经验报告，也可以抓住某些经验点，写出不同方面的总结文章，这样可以从不同的角度来展现你的教学经验。

• 教学经验的运用与发展

教师写出了经验文章，不是经验总结的结束，而应当作为一个新的起点，在这个基础上，在实践中不断去开拓新的领域，不断去探索与尝试新的方法手段，以获取新的认识和新的经验，把这些新的认识和方法补充到原有的经验体系中去，使自己的教育教学经验在时代发展的潮流中不断获得新的生命力。

2．总结教育经验的几种方法

教育经验总结并没有什么固定模式或特殊诀窍，总是因人而异，因内容而异。一般来说，它可以从以下三方面入手。

• 直接发掘教学经验中的亮点

发掘教学经验中有意义、有价值的亮点，要特别关注三种类型的教学经验：有特色的经验；有内在价值的经验；当前还不够成熟，但有发展价值的经验。

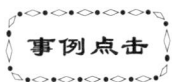

事例点击

一、有特色的经验

有特色的经验是指在做法上独特的、有新意并有显著效果的经验。对于这样的经验，我们主要通过分析与提炼，发掘其内在的意义。上海市洋泾高级中学的黄老师在一次经验介绍时说，他在教学中经常运用比喻来解释化学中的一些概念。如：在讲授"化学平衡"一节中的勒夏特列原理时，用"有人存在逆反心理，叫他朝东偏要向西"做比喻，使学生加深对勒夏特列原理的理解。这是一种很有创意的做法，教师通过这种"寓教于趣"的方法唤起学生丰富的想象，并极大地提高了学生学化学的兴趣，在教学中产生了良好的效果。

二、有内在价值的经验

有些经验从表面上看似乎很平常，但实质上蕴含着非常大的价值。对于这样的经验，我们要透过其表面现象，发掘内在的闪光点，认识到它的意义所在。洋泾中学的沈老师在英语教学中非常注重学生查词典，初一看，这一做法很普遍，但我们进一步了解后发现，这位老师不仅仅把查词典作为一种方法教给学生，而且作为一种能力与习惯来培养学生，把查词典作为英语教学过程中的一个重要组成部分。他不仅在课堂上指导学生查词典的方法，而且让学生在课外不断地运用巩固，教师经常加以督促与检查。由此，我们看到这名教师在指导学生查词典的过程中，强化了对学生学习方法和学习习惯的培养，把培养学生一丝不苟的科学态度和踏踏实实的学习作风蕴含在"指导学生查词典"这一平常的行为之中。

三、当前还不成熟，但有发展价值的经验

任何教学经验的形成都有一个从不成熟到成熟的发展过程，发现一些好的经验苗子，有目的地加以培育与扶持，使其快速地发展，这也是经验总结的一种方法。

有一次，我们偶然听到一名教师说，她在教学生写作文时，经常让学生在作文中画上一幅小插图，使文与画相配，让学生用不同的形式来表达自己的思想。这是很有特色的做法，但这名教师在这方面的经验还不够成熟。于是，我们就与这名教师一起就这一做法进行了仔细的讨论。经过反复讨论，这名教师确定了以"小学绘画：作文教学的实践研究"为经验总结的题目，并初步构建了这一经验的总结框架："绘画-作文"的现实意义、"绘画-作文"

的实施步骤、"绘画-作文"的教学方法、"绘画-作文"的操作要点等，从内容形式上作了进一步的实践构想。这名教师经过一段时间的实践摸索后，形成了一套很有特色的教学经验。

• 对分散的、零碎的经验进行组合

教师在教学过程中自然积累起来的各种经验（我们称它们为经验点），往往有散乱、零碎的特点，没有一个中心的思想贯穿在其中，各种做法之间也缺乏有机的联系。这就需要教师对各种散乱、零碎的经验进行分析和概括，找出其共同的内涵与特征，形成一个主题；然后，按照一定的逻辑结构，把各种经验点纳入相应的结构层次中去，从而形成一个有主题、有序列、有层次的经验整体。

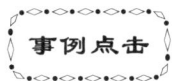

事例点击

"拓展性教学"的经验总结

建平实验学校的于老师在谈她的语文教学经验时，说她经常运用以下一些方法：①抓住教材中的某一知识点向外延伸，如教学《爱莲说》时，让学生学习《诗经》《楚辞》中有关用香草美人比喻高洁品质的诗歌；教学《背影》时，引导学生欣赏名画《父亲》；教学《大自然的语言》时，让学生对照地图学习有关地理知识。②围绕某一中心，把相关的课文组合成一个教学单元，如学习毛泽东的《七律·长征》时，与原有的课文《老山界》《七根火柴》《金色的鱼钩》等联系起来，并结合课文组织学生开展"红军长征"故事会、剪报等活动。③教师定期开出书目单，让学生选择阅读，每周开设一节阅读课，让学生进行自主交流。④组织学生对某一作家、作品进行专题研讨，如进行"走近苏轼"的专题研讨。⑤经常组织学生观看"东方时空""焦点访谈"等电视节目，让学生谈感想，写评论、观后感等；在假期里，组织"读万卷书，行万里路"的旅游、读书和社会考察等活动。

显然，于老师在语文教学上具有丰富的经验，但这些方法之间是否有某种内在的联系，能否用某一主题把它们串联起来？经过分析比较，我们发现，尽管这些方法都有相对的独立性，但它们都含有"拓展性"这样的特点。于是，我们用"拓展性教学"这一主线把各种做法串联起来，以"中学语文拓展性教学的实践"为题，把各种做法进行了组合，概括了拓展性教学的五种基本形式，即扩展延伸式、单元组合式、阅读-研讨式、专题研究式、社会实践式，形成了一个比较完整的经验体系。

• 点出"主题"，再寻找与它相关的其他经验

如果说，"零件组合"的方式运用的是归纳的方法，则"逐步扩展"的方式主要运用演绎的方法。研究者通常可以先根据某教师的教学实际定出主题，然后根据这个主题寻找相关的经验材料，逐步丰富经验的内容，使经验更趋完善。

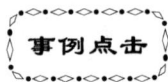

事例点击

总结"化学教学中的迂回术"

上海市浦东中学的许老师谈道，他在化学教学中经常用"弯弯绕"的方法，即"欲说A，先说B"，在教一些抽象的概念和原理时，先说一些有关的故事和生活常识，"使学生从陌生的环境中找到熟悉的面孔"，然后再教相关的概念与原理。这不仅为课堂教学增添了乐趣，而且常常达到出奇制胜的效果。我们可以用"化学教学中的迂回术"对其做概括，其基本思想是：运用《孙子兵法》中"以迂为直"的战略，不直接接触教材知识的本身，而是借用与教材内容相关的其他事物为切入点，点出主题，从而化抽象为形象，化深奥为浅显。从实践中发现，这名教师在许多方面都运用了这种"迂回术"，经提炼，这种"迂回术"可以概括为：①借用诗词进行迂回；②借用哲理进行迂回；③借用实验进行迂回；④借用计算进行迂回。

第五章

教育行动研究采用哪些具体方法

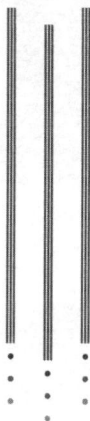

教育行动研究是以教育活动为主要对象的应用性研究，由于教育活动本身是多要素相互作用的复杂整体，因此，认识和变革这些教育活动需要采用多种方式对其进行考察与试验，这就决定了教育行动研究要运用一些具体方法于各个不同的环节。

教育行动研究是以教育活动为主要对象的应用性研究，由于教育活动本身是多要素相互作用的复杂整体，因此，认识和变革这些教育活动需要采用多种方式对其进行考察与试验，这就决定了教育行动研究要运用一些具体方法于各个不同的环节。

教育行动研究可以采用哪些具体研究方法呢？

一、　教育观察研究方法

观察，是一种有目的、有计划并伴随着思考的知觉。这里的"观"，就是通过感觉器官获得有关事物的信息，而"察"，则是对这些信息的考察与分析。

观察法，是在自然条件下，凭借自己的感觉器官或辅助工具（如科学仪器和信息手段），不加控制条件，但有目的、有计划地对客观对象，包括人和自然现象、社会现象进行直接的、系统的考察、记录，从而获得经验事实的一种科学研究方法。

教育行动研究中广泛运用观察方法获取信息，以发现问题并找出问题存在的原因，提出解决问题的措施并考察其成效，促进反思与经验提升。

（一）教育观察方法的特点与类别

1. 教育观察方法的特点

教育研究中的观察法是指研究者通过感官或借助于一定的科学仪器，在一定时间内有目的、有计划地考察和描述客观对象（如教师、学生的某种心理活动、行为表现等）并收集研究资料的一种方法，它具有以下突出特点。

•观察是一种有目的、有意识地搜集资料的活动。在观察前，研究者通常要根据研究任务来确定观察对象、观察条件、观察范围和观察方法，以保证观察有目的地进行。

• 观察是在自然发生的条件下，在对观察对象不加任何干预和控制的状态下进行的，这使教育科学研究者能够考察被试在日常现实生活、学习等活动中的真实的、典型的和一般的行为表现。

• 观察的对象是当前正在发生的事实现象，具有直接性。观察者和观察对象共处于一个研究体系中，这使得观察者能够直接地、准确地了解观察客体发生、发展的过程，获得真实而详细的资料。

• 观察是伴随着思维活动，在一定的教育科学理论的指导下进行的，其结果的解释也是以有关理论为前提的。观察既是一个感知过程，又是一个思维过程。有关知识经验越丰富，观察到的东西越多，对事物的认识就越深刻。

• 观察要借助于一定的观察工具。观察工具有两类——人的感觉器官（包括眼、耳、鼻、舌等）和科学的观察仪器与装置（如望远镜、显微镜、摄影机、照相机、录音机、探测器、单向玻璃、人造卫星等）。观察仪器实质上是人的感觉器官的放大或延长。随着人们对观察结果精确性、科学性的要求越来越高，科学观察仪器与装置在观察研究中起着越来越重要的作用。

为了提高观察的客观性和可靠性，应用观察法时应注意以下要求：周全、系统、深入、自然、限定。

2. 教育观察方法的分类

按不同的分类标准，观察法分为许多类别，在教育行动研究中，以下分类值得注意。

• 有结构观察与无结构观察

有结构观察，指有明确目标，具体要求，详尽计划、步骤、方法的观察，取得的结果因其观察周详精确而便于比较分析，并可与实验法结合使用。无结构观察，指对观察对象无明确的目标和要求，也不确定具体观察方案，不做控制，随时可根据观察者的需要而采用灵活的方式来进行的观察。这种观察可随时发现新问题而补充新的探索性研究资料，但一般不够系统完整，因而往往只用于预备性观察研究。

在行动研究中，无结构的观察是随时可以进行的，教师应当有"处处留心皆学问"的猎取态度，保持对事物和现象的开放性和敏感性，但要进行一种严谨的研究，则应采取有结构的观察方式。

• 参与性观察与非参与性观察

参与性观察，指观察者深入被观察者中，以其中一员的角色参加活动，被观察者群体也对此认同。在此条件下进行的观察，可以获得"局外人"所无法获得的观察资料。非参与性观察，是观察者以纯观察者、研究者的身份对被观察对象的观察。通常的观察均为非参与性观察。非参与性观察所得的观察结果较为客观，较少会有观察者自身的个人色彩，但某些深层的或隐藏性较强的资料，则不易观察到。

从行动研究的实际情况看，非参与性观察是大量的、随机的，无疑具有重要价值，但从观察的深入性和获取资料的全面性的角度说，应当倡导参与性观察，而且，在校本研究中，教师之间的合作、互动和共同发展，也可以通过参与性观察而实现。如观课前，观课教师参与到执教教师的教材研究、教学设计和行为改进中去，就可以消除那种消极评判、吹毛求疵的弊病，从而取得集体负责、集思广益、共同提高的效果。

• 定量观察与定性观察

实际上，定量观察与定性观察是对应于结构性观察与非结构性观察的。但它们在处理观察到的结果时，又具有其特殊之处。

定量观察是按照事先设计的一套明晰而严密的"计量系统"实施的观察，它也被称为系统化的、结构性的、标准化的观察。定量观察法的长处是能系统地、高效地获得大量真实的、确定的观察资料，容易进行观察记录，而且观察结果便于进行系统的定量处理和对比分析；它的短处是对观察设计人员和观察者的理论和技术要求较高，同时观察过程比较呆板，缺乏灵活性。

定性观察法是研究者在一个真实的情境中对被观察的人或事所作的开放性观察。这种观察事先并不制订系统的观察项目清单，而只是有一个大致的观察主题、观察思路或注意方向；同时，在观察过程中，观察的内容、重点、范围也有可能随着研究者与现场中人们之间的互动或现场活动的发展而产生变化。相对于其他研究方法（尤其是定量观察法）来说，定性观察法主要有如下特点：一是可以了解更为真实的信息；二是可以获得更完整的资料；三是可以进行多次观察①。

在行动研究中，虽然大都采用定性观察的方式，但也不妨设计一些量化观察的工具，便于教师操作，也使大家有一个大体一致的观察标准，这样搜集到的资料也较规范、准确。

（二）教育观察方法的施行

根据桑代克及哈根的看法，观察法的实施有五个步骤：①选择要观察的行为的某一个方面；②确定所要观察的范围，最后列出表格；③训练观察人员；④量化观察；⑤发展可行的记录程序，目的是使观察进入科学化的操作。

一般认为，教育观察有如下几个重要环节。

1. 观察的准备

观察的准备阶段主要应做好的工作有：

• 对观察的对象进行有意识、有目的的选择；

• 确定具体观察目标。

目标是目的的具体化。在观察目的的引导下我们可从三方面来确定观察目标。

一是筛选典型的观察对象。观察不可能平均使用心力于大量的人和事件，因此要选定那些有代表性的、能揭示所要观察的特征的对象。比如，我们要研究学生在课堂上的主体性表现，就不能把观察对象确定为全班同学，那样就可能因为数量太多，观察起来顾此失彼；同时，不能只观察优秀同学，那样又会失去代表性。比较好的方法是，在学优生、中等生、学困生中各选择一些有代表性的学生进行观察，一般不要超过十名。

---

① 杨小微. 教育研究方法 [M]. 北京：人民教育出版社，2005：107.

二是明确主要的观察范围。主体性的表现范围仍然很大，从时间上需要明确主要观察课上还是课下的主体性表现，从内容上需要明确主要观察独立性、主动性和创造性三方面的表现。

三是解释目标有何种表现。比如，我们要观察主体性表现，就必须说明这个观察目标的具体表现和含义。不然，每个人都按照自己的理解去观察记录，同样的事实，会出现不同的观察结果。

事例点击

学生"主动参与"的解释①

如果我们把"学生的主动参与"列为观察目标，就需要明确解释什么表现叫"主动参与"。有人想用"发言的次数"来说明学生的主动参与，恐怕就有问题。因为有的学生，虽然发言很少，但是内心的思考一直很积极，一旦发言，质量比较高；有的学生虽然发言次数很多，但是不动脑筋，也不听别人发言，感兴趣就发言，发言内容非常肤浅。

因此，我们可以考虑把"主动参与"解释为：学生在独立自主的心态下，思维积极活动，积极参加交流。

• 制定观察方案

即对观察的全过程做一个安排，包括观察的次数、密度、时间，观察的策略，观察的统一标准，观察的提纲，观察的记录表格及条件等。

事例点击

用观察法研究"小学学习优差生课堂表现差异"的方案②

为探讨小学生学习分化的原因，研究提高差生学习成绩的对策，谢老师在北京市一所普通小学四年级对 8 名学习成绩差异明显的学生进行"小学学

---

① 冉乃彦. 中小学教师如何做研究 [M]. 北京：人民教育出版社，2006：81.
② 徐世贵. 中小学教师教育科研 [M]. 沈阳：辽宁民族出版社，2001：108.

习优差生课堂表现差异"的研究。研究方法为观察法，观察 8 名学生在课堂上的表现，并进行定性定量分析。

（1）观察法的设计

①观察内容和范围：确定重点观察 8 名学生在语文、数学两门课上的表现。观察指标（内容）为：注意力分散（分心）次数；干扰学习的姿势变化次数；主动举手次数；打哈欠次数。

②观察策略：选择不完全参与策略和时间取样策略（每天上午前两节课进行观察）。

③制定观察记录表：根据观察指标的需要，制定四种观察记录表：表一，学习成绩比较表；表二，某一节课分心次数统计表；表三，某一节课主动举手、打哈欠次数统计表；表四，某一节课干扰学习的姿势变化次数统计表。

（2）观察法的运用

①获取观察资料（略）。

②呈现观察结果：对所观察的四项指标按照表中项目进行统计整理，求出每项指标两组平均次数的比，并分别就四项指标得出结论，提出解决问题的建议。

2. 观察的实施

进入观察情境后，观察者应尽量按原定计划进行观察，不宜轻易更换观察的范围和重点，如果有新情况出现，应变的措施也不应偏离已确定的目的和任务。

• 选择最佳观察位置。一方面要力争有一个最佳的观察视野；另一方面要保证不影响被观察者的常态。

• 善于辨别重要的和无关的因素。根据研究任务，把注意力集中到能获得有价值材料的重要因素上去，不为无关的、次要的因素所纠缠，提高观察效率。

• 善于探究引起各种现象的原因。对出现的每一种现象，都要找到引起现象出现的原因，使获得的观察材料具有研究价值。

• 善于抓住观察对象的偶然的或特殊的反应。说明本质问题的是一贯性的东西，但要全面正确地了解问题，偶然的或特殊的东西不是无足轻重的，它对于研究问题的动向更具启示意义。

• 善于与观察对象建立良好的关系。在教育研究中，观察对象往往是人，因此在观察中陌生感容易改变观察对象的常态，良好的关系有利于保持观察对象的正常状态。

3. 观察的记录与整理

观察者可以在现场记录（包括描述现场情况、个人印象感受等），也可以在事后追忆记录，还可以通过录音、录像等手段记录。不论采用什么方式，观察者都要力求做到及时、客观、真实、完整。用什么方法记录，应根据观察的类型而定。

资料记录后，我们还应及时对资料进行整理和分析。整理和分析主要包括资料归集分类、资料审核评鉴、资料初步整理和资料描述统计等。

4. 提出观点并撰写研究报告

根据对观察资料的分析研究，研究者提出自己的认识，并加以理论的论证，最后撰写成研究报告。在一般情况下，仅借助自然观察法往往还不能完成对一个课题的系统研究，研究者常常需要将通过观察所收集的资料与其他研究方法所获得的信息融为一体，才能提出观点并加以阐述。

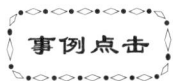

事例点击

课堂行为观察与评量

有一项对小学低年级学生上课时注意力集中时间和程度的观察研究，就采用时间记录法设计了观察量表（如下）。

表 5-1　记一次 20 分钟的语文字词抄写作业

时间	描述（记录）	百分比（％）
开始 5 分钟	全班学生踏实认真书写，没有任何声音动作	100
5 分钟后	3 人开始看别人的作业，并指出别人书写的毛病	7.89

时间	描述（记录）	百分比（%）
6分钟后	7人开始有动作或开始发愣，有的玩铅笔、橡皮等	18.42
10分钟后	20人开始有动作、发愣，有的开始出声音	52.63
13分钟后	6人完成作业	15.79
20分钟后	14人完成作业（24人未完成作业）	36.84
延续5分钟	又有20人完成作业（4人未完成）	52.63

频次记录所记录的是目标行为出现的频次。通过各种教学行为出现的次数对比或找出某种教学行为的出现频次与教学效果的关系，研究者便可得出有规律性的认识。例如，下表就是一种频次记录工具。

表 5-2　学生课堂行为观察表

班级：　　　　　　学生人数：　　　　　　观察时间：

项目		次数
对教师提问的反应	主动回答	
	被动回答	
	思考后回答	
	不加思考回答	
……	……	

等级评价记录是在观察的同时，对目标行为的表现程度做出等级评定。有一些事件不一定能够以频次或时间长度来说明所研究的问题。等级评价把目标行为按其表现程度分为若干等级，对各等级都定出相应的要求，观察者便据此对目标行为做出主观评定。下表就是一种等级评价记录工具。

表 5 - 3　学生课堂行为观察表

班级:　　　　　学生人数:　　　　　观察时间:

项目	非常好 ——————————→ 非常不好				
	5	4	3	2	1
回答问题					
相互合作					
课堂气氛					
……					

(三) 教育观察方法在行动研究中的应用

教育观察在学校中有广泛的应用,无论是日常接触中收纳的印象与信息,还是对学生、同事或环境的积极关注,或者有意识参与的观课与其他观摩活动、外出考察等,都要用到观察法。

1. 在自我改进中的应用

行动研究的重要作用是使教师认识和解决自身的问题,实现专业发展。观察法可以帮助教师积累感性材料,了解自身的问题,改进教育工作。

•获得反馈信息。教师对自身的认识往往始于别人对自己的反应或教育对象的表现。通过观察,教师能捕捉到最直接、最真实的种种信息。

•促进自我反思。反馈信息的积累会促进教师"反求诸己"的思考,寻找现象背后的原因,并通过行为改进去探究新的解决办法。

•确定实践成效。教师的工作改进或探索创新的成效如何,最终还是要靠观察来证实,靠观察来支持后续的实践。

2. 在相互观摩中的应用

教育行动研究是一种合作的研究,教师之间相互观摩学习是常有的事。学校中的相互观摩学习主要有两种形式。

一种是参观考察。

这里讲的参观考察，包括学校内部各种教育活动的相互观摩以及外出的参观与考察。按照观察法的特点和要求，教师在相互观摩和考察中应注意以下几点。

• 有目的地选择观察项目

教师要根据观察目的选择参观考察的项目，包括观摩一个活动的哪个方面或者考察什么问题，做到有的放矢；不然，就会沉迷在热热闹闹中而只能获得浮泛的印象。如果有些项目是自己不需要的，或其他途径就可获得的，又何必亲历其境呢？

• 掌握相关的背景资料

教师最好能对要观摩考察的活动事先有所了解，这样能确定观察的重点和需深入探究的问题，对一些已经熟知或意义不大的一般性情况，也就不必花太多时间去注意。参观考察时要是两眼一抹黑，很难获得真实、全面、有用的信息。

• 主动提出参观的要求和计划

要使参观考察为我所用，就要善于和主人商量。其实东道主也愿意为来访者提供好的服务，只是苦于不知道不同学校有哪些不同要求。如果我们事先制订计划，准备了问题，就能比较主动地去取得东道主的支持。

• 抓住重点，提高观察质量

除了事先有计划，有准备，教师还应该根据现场情况确定观察重点，如果东道主安排的内容十分丰富，必要时还可以分工观察；凡是可以回去后做的事情，尽量安排回去做（例如有些资料回来后再仔细读），在现场的时间应主要用于抓住重点，多看，多听，多问，多参与（如深入与学校的教职工交流与讨论等）。

• 深入全面地觅取真实信息

现场观摩考察的优势是直接获得第一手资料，教师只有认真细致地注意各种情况、各种或明或暗的现象，通过印证和对照，寻觅和发现蛛丝马迹，才能真正了解实情，有所收益。

· 善于从现象中寻找规律和有益启示

观摩与考察大量触及的是"现象"，各种外在表现和具体活动中，寄寓了什么稳定的、值得学习与推广的规律性的东西，有什么亮点与创意，需要观察者边看，边问，边研究，边深思。

· 及时记录所见所闻、所思所得

即采用灵活的笔记方式把容易遗忘或深有感触之处记下来。

另一种是观课与评课。

观课与评课是获得"教学行动"信息最直接、最重要的方法。课堂教学是学校教学工作的重心，学生发展和教育质量的状况总会显露在课堂教学之中，教育变革中最微妙、最精细的变化体现在课堂上，教育现象里最广泛、最深刻的联系也只有在课堂中把握。一般来说，观课是研究的切入口和着力点，说课与评课则是通过对观察到的现象进行分析、考察和研究，提升认识层次，拓展探究视野，生成改进措施。

以观课、评课为主要形式的观察研究，在方法上要解决四个问题。

一是"怎么看"，即要讲究观看的艺术。一名教师走进课堂听课，首先要从目的模糊走向意图清晰，其次要从抽象的要求细化到具体的指标，再次是从全景式扫描到逐步聚焦，最后是从一般性了解走向特点的追寻。

二是"怎么想"，即要发挥思考的效能。教师听课时应伴随着紧张的思考，保持思维触角的敏锐性，真正做到由看到的现象深究到本质，由出现的结果追索到原因，由他人的表现联想到自己，由经验的借鉴发展为自主的创新。

三是"怎么记"，即要做好观课的记载。教师要选择符合观课目的和适合自己的记载方式。记载有定量的数据记载方式，如频次记录、时间记录、等级评估记录；还有定性的描述记录方式，如日记记录法、轶事记录法、连续记录法、样本描述法等。

四是"怎么评"，即要评出建设性的结果来。这在原则上应要求：在相互作用中彰显意义，在真诚对话中深化认识，在兼容并蓄中实现创新。

3. 在课题研究中的应用

行动研究中的课题研究是一种切入教育实践的、定向地解决问题的应用研究。教育观察法为课题研究提供的资料，有助于研究课题的选择与形成、研究假设的提出与建立、研究措施的展开与推进、研究结论的形成与论述。有许多课题研究就是借助于观察法或观察法与其他研究方法结合而完成的。

任何课题研究都必须以研究对象的状况与变化作为提出问题、设计方案、考察进展和确定效果的基础，因此，对研究对象的系统观察（如对学生与实验教师的观察）就成为行动研究极为重要的方法。

事例点击

一次创设情境的实验观察

北京一名小学老师为了了解学生对班集体事务是否关心，进行了一次实验观察。她的办法很简单，就是在快上课的时候，把一个簸箕放在人人要经过的教室门口，观察一下每名同学的反应。

上课铃响了，同学们都急匆匆地陆续跑回教室。第一个学生看到簸箕，犹豫了一下，跳了过去，第二个、第三个仍然是跳了过去……据说一连跳了十几个，竟然没有一个学生把簸箕拿走。老师非常生气，半途终止了这次实验观察，干脆自己把簸箕拿走，请同学们对这种现象进行讨论。

二、 教育叙事研究方法

教育行动研究是一种"质性"研究范式；"行动"的实质就是"做事"。因此，教育行动研究离不开对"事实""事件""事情"的叙述，离不开通过这种叙述去表现自己的认识与思考，叙事研究理所当然成为行动研究的一种重要方法。

（一）教育叙事研究的含义

1. 叙事、叙事研究与教育叙事研究

"叙事"一词常用于文学领域，是创作的一种手段，指叙述按时间先后顺序所发生的事情或事件。《韦氏第三版新国际英语词典》中把"叙事"解释为："讲故事，或类似讲故事之类的事件或行为，用来描述前后连续发生的系列性事件。"叙事常用的语言表达方式是叙述、描写而非理论概括。

"叙事研究"则是对叙事文本蕴意所进行的分析与解读。"叙事主义者相信，人类经验基本上是故事经验；人类不仅依赖故事而生，而且是故事的组织者。进而，他们还相信，研究人的最佳方式是抓住人类经验的故事性特征，记录有关教育经验故事的同时，撰写有关教育经验的其他阐述性故事。这种复杂的撰写的故事就被称为叙事。写得好的故事接近经验，因为它们是人类经验的表述，同时它们接近理论，因为它们给出的叙事对参与者和读者有教育意义。"可以说，叙事研究作为在科学与人文这两极之间的一个中间道路，已逐渐成为教育研究中的一个核心学术话语方式。[1]

"教育叙事研究"是从文学叙事理论借鉴而来的教育研究的一种方法，指研究者以讲故事的形式述说自己或别人经历过的教育生活并诠释其中的意义，如教育主体（教师或学生）向研究者（有时也自写文本）叙述个人的教育生活履历，研究者通过分析叙述文本解释教育生活的意义及其构筑个人的理论之树，等等[2]。也就是说，教育叙事是以故事为手段，通过对过去事件的发生、现在的影响以及未来的期待的描述来建构教育生活的意义的研究方式。[3]

① 康纳利，克莱丁宁. 叙事探究 [J]. 丁钢，译. 全球教育展望，2003（04）.

② 陈振中. 论教育叙事研究的若干理论问题 [J]. 上海教育科研，2005（09）.

③ 冯晨昱，和学新. 教育叙事研究述评 [J]. 上海教育科研，2004（07）.

2. 行动研究中教师的叙事

• 行动研究中教师的叙事是一种"经验性叙事"。

经验叙事以"关注个体和群体内在世界和经验意义的经验叙述为其主要特征。经验叙事强调的不是反映这个世界的大而全的形式、规则、规律，而是经验的意义。""其尊重每个个体的生活意义，主要通过有关经验的故事、口述、现场观察、日记、访谈、自传或传记甚至书信及文献分析等，来逼近经验和实践本身"①。它体现出对人们生活故事的重视和人类内心世界的关注。

• 行动研究中教师的叙事是一种"研究性叙事"。

带有研究性的教育叙事的关键在于，选择适当的主题，切入教师的日常教育生活，对教师亲历的教育生活加以梳理、选择、整合、贯通，从而在一种基于教师亲历的现场感的叙述之中，能"把真实的教育生活淋漓尽致地展现出来"，又能"在众多具体的偶然多变的现场中去透析种种关系，解析现象背后所隐蔽的真实，从而使教育生活故事焕发出理性的光辉和智慧的魅力"。教育叙事不同于一般性的讲故事，因为作为叙事者的教师并不只是单纯地讲述自己的教育经历，而是在一种理性的参与之中对教育生活做出意义的梳理与提炼。

• 行动研究中教师的叙事是一种"反思性叙事"。

"讲故事这种有用的反思方法，不仅可以对个别实践知识进行反思，而且可以帮助教师进行自我的反思。"更重要的是，当"我"这样叙述"我"在研究过程中发生的一系列"教育事件"时，"我"已经在收集研究资料和解释研究资料。叙述的内容也就构成了"我"可供"公开"发表的研究报告。教师叙述自己的个人教育生活史，实际上是在研究、反思自己的教育生活经历，反思自己的教学中到底发生了哪些教育事件。这种叙述使教师开始进入"研究性教学"的境界。其实，教师叙述自己的研究过程中发生了哪些教学事件，叙述自己在研究过程中发生了哪些转变，这本身是"问题—设计—行动—反

---

① 丁钢. 教育经验的理论方式 [J]. 教育研究，2003 (02).

思……"的一个部分。这种"叙述"本身已经是一种"思考",是一种"静思"①。

关于叙事研究的特征,有许多研究者做过不同的概括,如"意义诠释""现场感""故事性""研究具体的人物或事件""特殊主义的研究取向""差异性""方法论上的人种志""归纳""深度理解"等。我国学者施铁如从学校教育研究的角度提出,较之传统的规范方法,叙事研究具有资料的深刻性、意义的诠释性、假设的后成性、过程的对话性等特征②。也有研究者认为,上述特征并非教育叙事研究所独有的。根据国内外文献,我们可以提炼出叙事研究的以下几个特征③:文本的非虚构性,伦理教育性,意义的彰显性,实践性或行动性。

事例点击

凸显叙事的特征
——一块糖的分量

秋季的远足活动开始了。活动中还穿插了有奖知识抢答赛,答对一题,奖给泡泡糖一块。气氛紧张而活跃。当主持人吴老师问"亚特兰大奥运会于几月几日开幕"时,被试D用微弱的声音回答:"7月16日。"吴老师没听清,追问:"你说几号?"这时D身旁的一名同学响亮地回答:"她说7月19日。""答对了,请上来领奖。"D面带羞涩,上去领取了一块泡泡糖。这时,台下开始窃窃私语:"她刚才答的是7月16日"。吴老师思索片刻,问:"她刚才答的是几号?"同学们有的说是16号,有的说是19号。"还是请××同学自己来说吧,我相信她。"吴老师以一种信任、期待的目光注视着D。D慢慢站起身,红着脸说:"我刚才答的是7月16日。"她接着走上前,把糖还给老师。这时,吴老师立刻向同学们倡议:"让我们为××同学的诚实鼓掌,这

---

① 刘良华.校本教学研究[M].成都:四川教育出版社,2003:83.
② 施铁如.学校教育研究导引:方法、思路与策略[M].广州:广东高等教育出版社,2004.
③ 陈振中.论教育叙事的若干理论问题[J].上海教育科研,2005(09).

一份奖品应该奖给她的诚实。"当 D 在一片掌声中再一次接过这块糖时，泪水夺眶而出。

（二）教育叙事研究的方式

教育叙事研究是基于每个人的教育经历和生活事件的"开放式"研究，由于教育活动领域的广泛性、研究者际遇的多样性和认识的差异性，教育叙事研究无论是选取的内容、陈述的方式，还是展开的形式，可以说都难以穷尽。

1. 教育叙事的题材选取：片段叙事、生活叙事、自传叙事[①]

片段叙事，即对个人教育教学实践中某个印象深刻的片段的叙述，显示事件发生的细节，借以阐明教师对导致良好或者不好教育教学效果的反思。

生活叙事，即对教师教育生活故事的叙述，借以阐明其中所蕴含的教师的生活体验以及对教师教育生活的细微关涉。教师日常生活与教师成长、教育状态、教育经历密切相关，教师成长不光在课堂，同样在日常生活之中。

自传叙事，即对教师成长过程乃至教师生涯的整体叙述，借以阐明教师生命成长的历程，是对平凡教师人生中细微的个人生命颤动的揭示。教师通过对个人成长或成长的某一方面的梳理，然后去发现这一阶段对教师教育生活的重要性，或梳理某一时间段教师个人教育的观念性转折。

2. 教育叙事的构成要素：事件与主题[②]

• 事件——教育叙事的内容

叙事所"叙"，其实是"事"，即故事，而故事所讲述的正是人、社会、生活等方面经历的某个突发事件，它是日常生活中的一个波折，一次跌宕，一段令人难忘的往事。它使叙事成为可能。

---

① 刘铁芳. 教育叙事与教师成长 [J]. 河北师范大学学报（教育科学版），2005（06）.

② 王彦，王枬. 教育叙事：从文学世界到教育世界 [J]. 全球教育展望，2005（04）.

教育叙事的核心是"事件"。通过"事件"的叙述，教师在过去的教育活动中所经历的事件得以再现，那些曾经在教师记忆中被遮蔽的印象得以敞亮，个体的教育经验得以与他人共享，这使教育事件成为教育活动中最有价值的存在。因此，教师的叙事研究所叙之事就是教师的故事，是教师在日常生活、课堂教学、研究实践等活动中曾经发生或正在发生的事件。它是真实的、情境性的，其中可能包含着丰富的内心体验，可能蕴藏着细腻的情感变化，可能反映出潜在的缄默知识，可能预示着远大的理想追求……正因如此，对于教育叙事来说，事件才尤为珍贵，它不仅有第一手研究资料的价值，更具心灵轨迹实录的意义。

• 主题——教育叙事的意义

叙事的目的不在于单纯叙述，而在于通过叙述，揭示某个主题，探索其中的意义。这些主题是事件的焦点，是概念的内涵，是教育故事的逻辑，是叙述文本的意义所在。它通过某种内在结构呈现出来，展示了叙事的价值所在。

教育叙事并不是各种教育事件的随意组合，而是依照研究者的理解，循着某个主题构成的。

通过主题的串联，散见于教育活动中的片段事件具有了描述和解读的价值，偶尔掠过教师脑海中的零乱想法具有了理性和逻辑的意义。因此，所谓"讲故事"，就是要求一个故事有结构、有道理、有意义、有价值。它以事件为本，却以主题感动人心；它以师生们熟悉的教育活动为开端，却把熟悉的教育事件"陌生化"。它蕴含着丰富的教育主题，却在含而不露的叙述中让读者自己去寻找那些隐匿的道理。正因如此，主题对于叙事来说具有了灵魂的意义。

3．教育叙事的表达方式：展示与讲述

叙事涉及两个必要的因素：一是故事，即所叙之事；二是叙述者，即讲述故事的人。叙述者与故事之间有着不同关系，这就构成了不同的叙事情境。这些不同的叙事情境中有一个重要的因素——叙事方式的差别。它表现为在叙事中"究竟是谁在叙述"。

• 展示——教师自己的叙事

教师的叙事，主要是指教师叙述自己的教育故事。在教师讲述自己故事的过程中，教师改变了以往在教育研究中"被动"的地位，不再是外在教育研究的"研究对象"，而是一个真正面向自己教育实践的、积极主动的思考者和研究者。教师直面自己的教育事实，通过讲述自己的故事的方式，从自己亲身经历的教育生活中"梳理""寻找"自己的教育故事，重新对自己的经历进行咀嚼、回味和反思，在整理自己思维的过程中，获得思想升华，达到一种豁然开朗的境界。教师通过自己的叙事直达自己和他人的内心深处，所有的概念、原理、规则都归隐在所叙之事的背后，让事实本身来说话，让人的思想通过叙事显现出来，很多个人传记或教育手记、教育札记，其实都是教师故事的汇集。

• 讲述——关于教师的叙事

在有的作品中，我们可以感受到个性鲜明的叙述者。叙述者外在于故事，叙述者就是讲故事的人，他与故事中的人物距离较远，作为传达信息的中介存在于文本当中。叙述者表述就是一种基本的叙事方式——讲述。在"讲述"的叙事方式中，活跃着一个叙述者的形象，他记录，讲述，对他叙述的故事做出各种评论和解释，与读者交谈。我们国家传统的艺人形象——"说书人"就是这样的一种叙述者。

比较两种表达方式，"讲述"的叙述方式由于有了叙述者的理性思考，由于叙述者在文本中的暗示和引导，读者很容易形成自己的一种比较明确的结论，尽管有一些受制于叙述者的概念系统。而在"展示"的叙述方式中，读者只是随着故事中的一个人物的意识四处游走，整个故事给读者留下更多的是一些片段似的印象，片段与片段之间存在着大量的"意义空白"需要读者自己去填充，这就给文本带来了许多不确定性，使其变得有一些含混和隐晦，但也更为开放和自由①。

---

① 王彦，王枬. 从理性思辨走向经验表达的叙事研究 [J]. 全球教育展望，2005 (12).

4. 教育叙事的组织形式：个体叙事和集体叙事

在行动研究中，教师依据个人的经历叙述相关的故事并做出适当的诠释，这是一种"个体"的叙事研究。但叙事也可以在共同体的层面进行。许多研究教师专业经验的学者认为，教师应有更多机会，进行同事间专业经验分享与互动，这能让教师感知到自己的专业声音与主张，激励教师提升专业素养，增强自信心，从他人实践中学习到有价值的替代性经验。

在共同体层面进行的"集体叙事"，又称"我们一起讲自己的故事"。它不仅可以运用在课程的研究上，而且可以运用于德育、管理等学校教育教学的广泛领域。其基本环节是：进入情境—分别叙事—归纳问题—重新叙事—形成叙事文本。

事例点击

一个"讲述"的片段叙事

巧妙地创设各种问题情境，最大限度地激发孩子的求知欲，这是吴正宪课堂教学的一大特色。

在"商不变性质"课上，一开始她就给大家讲述了"猴王分桃"的故事。花果山上风景秀丽，气候宜人，一天，猴王给小猴假装分桃子。猴王说："给你 6 个桃子，平均分给 3 只小猴吃。"小猴听了连连摇头说："太少了，太少了！"猴王又说："好！给你 60 个桃子，平均分给 30 个小猴，怎么样？"小猴还得寸进尺，试探地说："大王，再多给点行吗？"猴王一拍桌子，显得很慷慨大度的样子说："那好吧！给你 600 个桃子，平均分给 300 只小猴，你总满意了吧！"小猴子高兴地笑了，猴王也笑了。听完故事，班上的孩子们也情不自禁地笑了。此时此刻，吴正宪意味深长地问大家："你们说，谁的笑是聪明的笑？为什么？"抓住契机，恰到好处地引导学生自己去"发现"商不变性质的奥秘。

（三）教育叙事文本的写作

以"叙事"（讲故事）为特征的文本既不同于一般的教育实验研究报告，也不同于一般的经验总结。叙事文本是叙述某个人或某件事的故事，这个故事必须具备一些基本特征，比如所叙述的故事必须是教师自己亲身经历的，即教师"参与"其中并引起了某种"改进"。

1. 教育叙事研究的展开过程

叙事研究的过程要围绕三个事件展开：现场、现场经验文本和研究文本。现场工作是叙事研究者亲身体验生活和获得现场经验的过程。现场经验文本是指研究者所获得的现场资料，形成现场经验文本有多种方法，如讲述或撰写故事、研究访谈、日记、自传和传记、书信、谈话、现场笔记等。研究文本是指叙事研究的格式，叙事研究文本可以用文学、诗歌、科学等各种不同的风格撰写，可以形成描述的文本、解释的文本、讨论的文本、叙述的文本等多种格式。

2. 教育叙事研究的基本要素

教育叙事研究的基本要素应该包括：第一，有鲜明的主题或引人入胜的问题；第二，解决问题的技巧和方法；第三，解决问题的情境性、冲突性、过程性、复杂性以及师生角色变化等的描述；第四，解决问题过程中及过程后的反思；第五，理性反思中所获得的经验或教训，所蕴含的教育理论和教育思想的升华或启发。教师如果掌握了叙事研究的一些基本要求，并进一步达到运用自如的程度，就会收到良好的效果，并有利于推进校本教研工作。[①]

3. 教育叙事研究的文本写作

· 采用"深描"的方法

"深描"即详细刻画教育事件的发生与解决过程，使叙事真切入微，富有

---

① 胡庆芳. 我国校本教研理论研究的多维度检视 [J]. 中小学教师培训，2005（08）.

情趣。

• 注重故事的"细节"

即把事与人的具体表现，发展过程的跌宕起伏，各种矛盾与曲折，都展现出来。

• 凸显故事的"结构"

所有的"结构"都可以归结为一点，就是"意义"。教育叙事研究的文本要用"藏而不露"的方式表达某种关于教育或人生的"道理"。

案例点击

"片段叙事"：高高地举起你的左手

在一次公开课时我发现一名从不举手的学生 M 举手了，我有些奇怪，但还是让他起来发言。但 M 站起来后一脸的羞愧和慌张，根本不知道问题的答案。

我让他坐下，没有批评他，但心里有些纳闷：他为什么这次举手了呢？举手又为什么不知道答案呢？站起来之后的羞愧和慌张是否对他的心理造成了伤害呢？

下课后我把 M 叫到办公室，安慰他说："今天你举手了，这很好，这说明你在思考老师提出的问题。你能不能告诉老师，你当时究竟是怎么考虑那个问题的呢？"

没想到 M 说："其实我根本不知道答案。我不希望被同学看不起，所以我举手了，希望能够侥幸地蒙混过去。可是老师偏点我回答。"

我当时听了很感动，犹豫了一阵子，我对他说："这样吧，我们做一个约定，以后每次上课你都积极举手，如果不知道答案，你就举你的右手，如果知道答案，你就举起左手。你一旦举左手，我就点你起来回答问题。"

在接下来的几天里，学生 M 果然开始每节课都举手。同学们最初都觉得有些奇怪，但时间长了，同学们开始渐渐相信 M 是学习高手了。

有一段时间我做过统计，M 举左手的次数为 10 次，举右手的次数为 25

次。但自从我找他谈话，把我统计的他举左右手的次数告诉他之后，他举右手的次数越来越少。

M在日记中写道："后来考上大学后老师来送我，他只对我说了一句话：'别让自卑打倒你的自信，换只手高举你的自信。'我终于明白了老师的良苦用心——他让我举右手并且少举右手只是为了让我超越自己，换只手高举自己的自信，赢自己一把啊！在人生的道路上免不了遇到对手和困难，但如果不能举左手，那么我们做的第一件事就是'举起自己的右手'……"

[资料来源：马国福. 换只手高举你的自信. 做人与处世，2001（07）.]

三、 教育案例研究方法

教育案例研究是叙事方法在特定事例研究上的应用。案例的研究适用于许多领域，如临床医学、工商管理等。案例研究从1986年开始就被卡耐基工作组推崇为教师教育的核心，成为"联结理论与实践，揭示教师在复杂的认知活动中如何运用高层决策技能的有效途径"。教育行动研究中广泛运用案例来表现事实，展示行动和证明结果。

（一）教育案例的含义与特点

1. 关于教育案例的含义

关于教育案例的含义，有一些不同的表述，但基本意思是一致的。张肇丰讲，教育案例是一个教育情境的故事；在叙述一个故事的同时，人们常常发表一些自己的看法——点评。所以，一个好的案例，就是一个生动的故事加上精彩的点评。[①] 吴义昌指出，从教师的角度笼统地讲，案例就是一个典型的教育事件，就是教师的一个具有代表性的教育实践过程，一般以叙事的方式表述出来[②]。王俭认为，教育案例是教育教学（管理）过程中，含有问题情境在内的、真实发生的富有典型性的事件。[③]

郑金洲对教育案例作了清楚的界定，他说，概括而言，案例是含有问题或疑难情境在内的真实发生的典型性事件。从这一概述中可以看到，对事物的静态的缺乏过程把握的描述不能称之为案例；信手拈来的没有问题或疑难情境在内的事件也不能称之为案例；没有以客观事实为基础，缺乏典型意义的事件也不能称之为真正的案例。[④]

2. 与案例相关的概念：个案、课例

无论是"个案"还是"案例""课例"，都是对一个典型事件或过程的叙述，都要采用叙事的方式，但它们的侧重点以及涉及的范围是有所不同的。

"个案"，按照斯塔克的说法，是一个"有界限的系统"。所谓有界限的系统，是指有时间与空间的范围，它可能是一个个体、场域、事件、行动、问题或是文件资料储存库。而"个案研究"是一种研究策略，是对一个有界限的系统如一个个体、一个方案、一个团体、一个地区等，运用多种研究方法，如观察、访谈、调查、实验等，协助搜集完整的资料，以做深入翔实的描述、阐释和分析[⑤]。

个案与案例有所不同。个案包括个人、机构、团体，也包括事件。案例是对含有问题或疑难情境在内的真实发生的典型性事件的描述，也可以包含解决问题的办法，是用事件来呈现的，可以是一个也可以是多个，有同一主题，多为偶发事件，以问题呈现为特征，有一个详细的过程。个案研究是对

① 张肇丰. 谈教育案例 [J]. 中国教育学刊，2002（02）.
② 吴义昌. 教育案例研究刍论 [J]. 教师教育研究，2004（05）.
③ 王俭. 论教育案例开发 [J]. 教师教育研究，2005（02）.
④ 郑金洲. 教师如何做研究 [M]. 上海：华东师范大学出版社，2005.
⑤ 潘慧玲. 教育研究的取径：概念与应用 [M]. 上海：华东师范大学出版社，2005：183.

一个案例作缜密的研究。[①]

"课例",也称课堂教学案例或教例,是案例的一种特殊形式,这是与教师日常教学工作贴得最紧、也较便于撰写的一种案例形式。郑金洲认为,案例与课例的区别在于案例自始至终是围绕特定的问题展开的,是以问题的发现、分析、解决、讨论为线索的。而课例展现的是某节课或某些课的教学实际场景,虽然其中也包含着问题,但问题可能是多元的,没有明确的指向的,并且实际情境的叙述、师生对话的描述等常是列举式的,没有像案例那样经过细致加工。

综上所述,案例可以看成个案研究中有代表性的一类,课例也可以归入案例中,这样能使校本研究集中于"实质"而不过多在细节部分盘桓。

3.教育案例研究的特点

作为一种质性研究,教育案例研究是一种有自身研究范畴和要求的"行动研究",其特点可以从以下三个方面来把握。

从研究主体的角度看,教师的案例研究表现出一些鲜明的特点,如它的主体性、情境性、倾向性、内驱性等,因而与以往常见的研究手段和方式(如做课题、写论文)相比,案例研究在教育研究领域中具有独特的价值,体现教师作为研究者的主体作用,展示丰富而简约的教育情境,表达深切强烈的感受和体验,运用熟悉的思维和表达方式[②]。

从写作文体的角度看,教育案例作为一个教育情境的故事,举凡教学叙事、生活叙事甚至个人发展史追踪等都可视为教育案例。教育案例区别于论文之处在于:在文体和表述方式上,以记录为目的,以记叙为主,兼有议论和说明;在写作思路和思维方式上,其写作是一种归纳思维,思维方式是从具体到抽象。教育案例区别于教案、教学设计之处在于:对已发生的教育过程加以反映,写在教之后,是结果。教育案例区别于教学实录之处在于:依

---

① 白芸. 质的研究指导 [M]. 北京:教育科学出版社,2002:33.

② 郑慧琦,胡兴宏. 教师成为研究者 [M]. 上海:上海教育出版社,2004.

据撰写的目的，对教育情境作有选择的描述。教师撰写教育案例的目的通常是学习运用理论，总结教改经验和促进交流研讨。①

从成果推广的角度看，教育案例只是一个"例子"，它高度依赖于特定的情境，即使它蕴含的思想具有普遍可行的价值，也并不意味着其具体操作就可以到处适用。也就是说，案例研究不能为科学推论提供基础。

"案例研究可以推论到理论主张（理论假设），而不能从几个个体推论到全体。案例研究与实验研究一样，研究一个或几个案例，并不旨在从小数目的案例推论到全体，而旨在理论上的扩展与概括"。②

事例点击

教育案例：一个教育情境故事

上海市七宝中学的青年教师王红曾写过一篇名为《走进语文教学的艺术殿堂》的文章，其中写到在一次作文讲评课上，让一名男生上讲台朗读，结果这名略有口吃的同学遭到了取笑。

台下的同学们紧紧注视着他，课堂里死寂一片。沉默中，我突然从后悔自责中省悟：初为人师的我不是也有过临场时的恐惧和冷场时手足无措的尴尬吗？然而是自信战胜了这一切。有时候，一次小小的成功能够激活一个人潜在的巨大的自信，可一次难忘的失败也往往可以摧毁一个人仅有的一点自信。眼前的这个男孩难道会陷入后一种情形吗？不，绝不能。我终于微笑着开口了："既然他不太习惯在众目睽睽之下说话，那索性我们大家都趴在桌上，不看，只用耳朵听吧！"我带头走到教室后面，背对讲台站定，同学们也纷纷低下头来。终于，我的背后传来了羞怯的声音。那的确是篇好作文，写的是他和父亲间的故事。因为动情的缘故，我听到他的声音渐渐响了起来，停顿也不多了，有的地方甚至可以说是声情并茂了，我知道他已渐渐进入了状态，涌上心头的阵阵窃喜使我禁不住悄悄回头看他。我竟然发现台下早已

---

① 张肇丰. 谈教育案例［J］. 中国教育学刊，2002（02）.
② 徐碧美. 如何开展案例研究［J］. 教育发展研究，2004（02）.

经有不少同学抬起头，默默地赞许地注视着他。朗读结束后，教室里响起一阵热烈的掌声。我知道这掌声不仅仅是给予这篇作文的。

当时的上海市教委副主任张民生同志在《一个素质教育进课堂的生动案例》一文中，对这个事例评论道：

有口吃的孩子说不出话了，一般好教师的处理方式是："没关系，你先下去，下次有机会，再好好准备一下。"但王红从另一种视角，一种新的境界，处理这种场面，化解尴尬的处境，对于学生可能是终生难忘。要做到这一点，关键是在教学过程中，是以"我"原来设计好的教学过程为主呢，还是以学生为本去考虑问题。

[资料来源：郑慧琦，胡兴宏. 教师成为研究者. 上海：上海教育出版社，2004.]

上面这个案例通过生动细致的描述和准确到位的点评，反映了一名青年教师在以学生为本的教育思想的指导下，如何处理课堂上的突发事件的经过，给人以启迪。这里为了举例的方便，事例和点评分别选自两篇文章，一般在撰写案例时二者是合为一体的。

（二）教育案例的开发与研究

所谓案例开发，是指行动研究者基于自身的经验（教育教学的或者管理的），按照案例写作的有关要求，再现当初开发者所处的情景、内心的活动以及做出决策的依据，并将其经验与他人分享，从而促进自身与他人共同发展的过程。其实，案例开发也就是案例研究的过程，不过，它强调的是作为一种资源的挖掘与运用。

1. 教育案例的构成要素与分类

关于案例，劳伦斯认为，"案例是对一个复杂情境的记录……一个好的案例首先必须是一篇好报道"。汉森认为，案例是"对真实事件的描写，其中所包括的内容，能足够引起大家思考和争论的兴趣，且富有启发性"。舒尔曼认为，一个案例，正确理解的话，不单单是一个事件或事故的报道。称某事为一个案例就相当于作一个理论断言——断言它是某事的一种情况或更大类中的一个例子。这些论述都涉及案例的构成问题。

我们认为，一个好的教育案例，一般应由三个方面的要素构成，即情境描述、经验反思、理论蕴含。这三个要素中，情境描述是基础，没有了情境描述，就不能称其为案例；但只有现象的显示而看不到研究者的认识与思考，这充其量是"实录"而不是发人深省的好案例。当然，如果一个案例能"以小见大""由例及类"，蕴含种种理论内容，启发人们进行深入的理性思考，那就再好不过了。

关于教育案例的分类，我国学者提出了许多有价值的分类系统。值得注意的是，学者胡兴宏在进行课例研究时，提出"以课例研究的深度"进行分类。他认为，课例研究可以分为"情境""经验"和"理论"三个基本的层面，他据此将课例分为情境型课例、经验型课例和理论型课例。

情境型课例描述了有价值、有启发性的教学情境，如经过加工的教学实录等。

当经验性的总结、反思成为课例的重要成分时，课例的基本成分应变成"课例情境＋经验总结与反思"，这种课例即经验型课例。

理论型课例是具备一定理论深度的课例，其基本成分是"课例情境＋经验总结与反思＋理论阐述"。

2．文本课例研究的过程

课例是案例中最重要的一类。课例可分为文本课例和多媒体课例，它们都广泛应用于教育行动研究。

文本课例是通过语言文字的叙述反映真实的课堂情景以及教育和教师工作的复杂性的。它以叙事的形式来描述富含教育理论、教育智慧，反映教育问题的课堂教学事件。文本课例是目前教师使用比较多的，它的优点是经济实惠，便于开发和阅读。

文本课例的撰写步骤与研究方法如下。①

表 5 - 4 文本课例的写作步骤与研究方法

写作步骤	建议采用的研究方法
了解课例背景（教育环境，师生背景，内容，教学设计，教学目标等）	访谈，讨论，文献分析
观察并实录教学事件发生的过程	深度访谈，边想边说，表现评估，作业分析
资料分析（基本特点、主要问题、影响因素）	定性分析（主），定量分析（次）
整理，写出课例初稿	——
反思，斟酌，修改或重写	——

我国研究者强调，与一些专业研究人员的研究有所不同，教师案例研究过程与其教育教学的工作过程大体上是同构的。因此，其研究过程不是一个从理念到文本的线性过程（如理论准备—进入现场—收集资料—编码分析—形成案例），而是一个教育实践与理论思考交错促进的非线性过程。从一些学校和教师开展案例研究的经验看，重视教育案例研究过程的几个基本环节或要素，对于提高案例研究水平和促进教师专业成长是十分必要的。

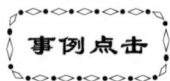

事例点击

一个课堂教学案例的产生

上海市长宁区教师进修学院的吕洪波老师，曾就一个教学案例——《在学生全班讨论时，教师"站"在哪里》，讲了"从课堂教学实录到课堂教学案例"的过程。他认为，将课堂教学转化为案例的写作过程应当是一个"再创造"的过程，是对实录内容进行编辑加工的过程，是提高案例的教育学价值的核心环节。在由实录到撰写案例的过程中，实录材料的搜集、案例主题的

---

① 胡兴宏. 怎样写案例 [M]. 上海：上海科技教育出版社，2004：129.

确定、实录到案例的转写是其中最重要的三项内容。[①]

写出来的文本案例：在学生全班讨论时，教师"站"在哪里

在课上第一小节中，由于是上课开始，同学们还没有完全进入状态，对学习的内容还不够熟悉，在这种时候，我组织讨论时"站"在学生的前面，引导学生的讨论和学习，这样，在学生回答问题不够完整时，对他进行追问，有助于他们专注于问题，也有助于引起讨论。第二小节中，同学们的讨论异常激烈，他们争着发言，以至于老师必须制定发言的顺序规则，我根本"插不上嘴"。在这样的讨论中，我"站"在学生的背后。第三小节中，与前两个小节有所不同，学生提出了新的问题，出乎我的意料。单纯从课堂教学内容来看，它似乎偏离了教学目标，但如果从培养学生独立思考、挑战权威、不唯书唯上的学习品质看，它又有一定的意义。尽管有些跑题，有些出乎意料，但是为了保护同学们发言、讨论的积极性，为了使同学们养成爱动脑筋、独立思考的好习惯，我又以一个讨论者的身份加入同学们的讨论，此时我没有"站"在同学们的背后，而是"站"到了同学们的中间。当然，在这样的情况下，由于事先未准备，我也需要在讨论中，边组织边思考，自由发表自己的看法。我注意到，同学们讨论的积极性并没有因为我的介入而受到影响，他们照样大胆发言，甚至反对我的看法，课堂上散发着浓厚的民主、平等的气息。

3. 写好教育案例

一个好的案例应该符合一定的标准：非罗列式陈述，背景交代清楚，语言表达明确，充分揭示冲突，反映教学实践问题，问题具有普遍性，篇幅适当。具体来说，写好案例要注意以下两个方面[②]。

一是注意案例的结构要素。

从文章结构上看，案例一般包含以下几个基本要素。

---

① 吕洪波. 从课堂教学实录到课堂教学案例 [J]. 上海教育科研，2004 (08).
② 张肇丰. 谈教育案例 [J]. 中国教育学刊，2002 (02).

背景。案例需要向读者交代故事发生的有关情况：时间、地点、人物、事情的起因等。

主题。案例要围绕某个中心问题或主要问题来展开。

细节。即筛选组织原始材料以后对事情具体情况的仔细叙述。

结果。即事情的成效与欠缺，当事人的认识与感受等。

评析。包括教育教学的指导思想、过程、结果，以及利弊得失，作者要有一定的看法和分析。

二是把握写好案例的关键。

首先要选择复杂情境。所谓复杂的情境，是指故事的发生、发展具有多种可能性。教师在教育教学活动中面临着各种各样的问题情境，需要进行判断和选择。复杂的情境提供了更多的选择、思考和想象的余地，可以给人以更多的启迪。

其次要揭示人物的心理。人物的行为是故事的现象，人物的心理则是故事发展的内在依据。面对同一个情境，不同的教师可能有不同的处理方式。描绘人物心理活动，案例就能深入人的内心世界，让读者"知其所以然"，这是案例不同于教案和教学实录的地方。真实地反映学生在教育过程中的想法和感受，是写好案例的重要一环。

再次要具有独到的思考。同一件事，可以引发不同的思考。从一定意义上说，案例的质量是由作者思考水平的高低决定的。案例的撰写者要善于从纷繁复杂的教育现象中发现问题、提出问题、解决问题，道出人所欲知而不能言者，这需要有一双"慧眼"。具备这样的功力没有什么秘诀和捷径，只能在长期的磨炼中去领悟和掌握。

（三）教育个案研究

对一个人、一件事物、一个团体、一个社区进行全面深入的研究（包括描述、解释、评价），都叫个案研究。个案研究一般对研究对象的一些典型特征作全面、深入的考察和分析，也就是用所谓"解剖麻雀的方法"。同时，个案研究不能仅仅停留在对个案的研究和认识的水平上，还需要认识教育与发展之间的因果关系，提出一些积极的教育对策，以便因材施教。

个案研究的特征主要表现在：①通过聚焦在特别的事例上来研究一种现象；②对每个事例进行深入研究；③研究在自然背景下的现象；④呈现研究者和被研究者的观点。[①]

个案研究的步骤与方法应注意以下几点。

1. 尽量选择有助于达到研究目的的研究对象

个案研究的特点是对个别对象进行深入研究，因此要特别慎重地对待个案选择。选择个案的研究对象，要根据研究的不同目的而采取不同的抽样方法。

· 典型性抽样

如果要研究现象的一般情况，就要选择有代表性的个案。这就像平常工作中说的"抓个典型"。比如要研究班级学习情况，若选择优秀学生为个案，肯定代表不了全班总的情况；而选择学习一般的学生，就有比较大的代表性。

· 关键性抽样

即确定一些关键的特征进行考察。

· 分层抽样

这种抽样方法是选择最好和最差两个极端类型的个案进行研究，可以最大限度地掌握该现象中的各种信息，尤其是有显著差异的信息将有助于我们深入思考。

总之，个案研究要正确处理好一般与个别的关系。作为个案研究对象的个别，应该具有与众不同的典型特征，不具有典型性的个别，显然没有多少研究价值。一般来说，作为个案研究对象的个别应该具有以下三个显著特征：第一，在某方面具有显著的行为表现；第二，与这方面有关的某些测量评价指标与众不同；第三，教师、家长等主要关系人都有类似的印象和评价。

---

① 白芸. 质的研究指导 [M]. 北京：教育科学出版社，2000：32-33.

2. 采用调查、观察（包括录音、录像）、测查、访谈、成品分析等多种手段，全面、客观地获取各种资料信息

个案研究并不是完全独立的研究方法。为了搜集到更多的个案资料，从多角度把握研究对象的发展变化，我们就必须结合教育观察、教育调查、教育实验、教育测量等多种研究方法，综合各种研究手段。

3. 深入地分析和研究对象的各种特征，揭示其关系与联系，形成科学的结论

个案研究既可以研究个案的现在，也可以研究个案的过去，还可以追踪个案的未来发展。个案研究可以作静态的分析诊断，也可以作动态的调查或跟踪。由于个案研究的对象不多，所以研究者就有较为充裕的时间，进行透彻深入、全面系统的分析与研究。

个案研究一般可以根据研究目的、对象、内容的不同，采用追踪法、追因法、临床法、作品分析法等具体的方法。

• 追踪法

即对相同的个案进行长期而连续性的研究，研究者能真实而直接地获得研究对象发展变化的第一手资料，能深入了解个人或某一教育现象的发展情况，弄清发展过程中的个别差异现象。它对于研究青少年学生身心发展的顺序性、阶段性、成熟期、关键期，以及研究复杂教育现象的发展变化、某一教育理论的验证、某一教育措施的实施、某一新方法的探索、某些教育现象之间前后发展的关系等都具有重大意义。

• 追因法

实验法是先确立原因，然后根据原因去探究产生的结果。追因法则是先见结果，然后根据发现的结果去追究其发生的原因。例如，某学生的学习成绩突然下降，我们去追寻他成绩下降的原因，这就是追因法。追因法正好是把实验法颠倒过来。在实际研究中究竟采用哪种方法需视客观情况而定。运用追因法，往往要经历"确定要研究的问题""假设导致这一结果的原因""设置比较对象""查找相关资料进行对比""检验"等过程。

· 临床法

也称临床谈话法，旨在通过各种交流互动的方式（包括面对面口头谈话、书面谈话、网上交流等），发现对象的各种特征与相关的规律性关系与联系。

· 产品分析法

又称活动产品分析，也是个案研究的一种方法。它通过分析学生的活动产品，如日记、作文、书信、自传、绘画、工艺作品等，了解学生的能力、倾向、技能熟练程度、情感状态和知识范围。运用这种方法时，我们不仅要研究人的活动产品，而且要研究产品制造过程本身以及有关的各种心理活动状况，这样就可得到更加科学的结论。

4. 撰写个案研究的报告

将个案研究的结果写成文章，就是个案研究报告。

个案研究报告在写法上可分为两个部分。第一部分是对个案的详细说明介绍，包括关于个案（例）的背景材料、历史状况、现实表现，作者对初步获得材料的分析与判断，采取的相应处置措施，以后的发展变化和表现，新产生的问题和矛盾与解决方法，获得什么结果等。这部分要具体、真实地描述，采取定量与定性相结合的办法，给出足够的数据、事实和其他材料（包括佐证和个人文件、作品，检查与测定的资料等）。第二部分是对个案的分析与讨论，作者要在认真核查证据的基础上确立诊断，由"例"及"类"地分析个案材料中具有普遍意义的现象与规律，并且与类似的其他个案（例）比较对照，提炼出结论。

案例点击

和学生一道面对家庭变故①

（一）问题的发生：A 赖学

A 今天没来上课，不知是生病了，还是碰到什么意外，我担心着上完两

---

① 陈桂生. 到中小学去研究教育［M］. 上海：华东师范大学出版社，2000：82-86.

节课，马上与 A 的父亲电话联系，得知 A 既没有伤病，也没有碰到"意外"，好端端地待在家里，"又哭又闹，死命不肯上学"。问题看来很严重。A 是不是和同学发生了矛盾？是不是他家里出了什么事？这个学期开学以来，他情绪低落，上课常开小差，作业马虎，屡受任课老师的批评，昨天语文课上我还责备他不专心。A 会不会因为受到了老师的批评赖学在家呢？

（二）问题的症结：A 担心什么

中午，A 的父亲赶到学校，向我道明了原委。原来，最近一段时间，他们夫妻不和，吵过几回架，影响了孩子。昨天，他们吵得特别凶，孩子给吓哭了。今天早上，他怎么也不肯上学，谁劝都不听。说到这里，A 父叹了一口气："我的话，他是更加不听了。所有的人都只好顺着他。"

听完这席话，我大致弄清了 A 不上学以及近来情绪低落、上课不专心及成绩退步的原因：第一，父母失和，使他担心失去父母的爱，思想负担重；第二，A 是一个比较特殊的孩子，自小备受娇宠，学习自觉性较低，三四年级时虽有好转，但也需在学校和家庭多方面的关注下才能按时完成作业，现在，A 父母因为自身问题，更加迁就孩子了；第三，我们教师工作不够细心，没能及早发现 A 在校表现失常的真实原因，简单的批评反而加重了 A 的思想负担。

（三）解决问题的尝试：解开 A 的心结

1. 对策与方案

A 所面临的显然不是学校和教师能够完全解决的问题，但我们依然可以做一些工作。例如：第一，帮助他尽快稳定情绪；第二，激发他的学习兴趣，设法把他的注意力转移到学校生活和学习上来；第三，以真情引导他感受来自父母、老师、同学等各方面的关爱，消除他内心害怕被抛弃的担忧。第一条和第二条是治标之策，第三条是治本之策。因此，工作的重点应放在组织教师、A 的家庭和同学三方面帮助 A 走出困境。

处于家庭危机中的孩子，最需要的是父母的爱，一种不被遗弃的安全感，这是我们做教师的不能给予的，但我们可以提醒 A 的父母不要忽视孩子，如果需要和可能的话，还可以向 A 父母提出一些如何对待孩子的建议。父母既然让年幼的孩子面对家庭失和的不幸事实，也应该让孩子真实地感受到父母一如既往爱他的事实。

家庭不幸的孩子，往往对老师和同伴的关爱有一种特别的渴望。师爱和友爱虽不能代替父爱和母爱，但至少可以使学生感受到学校生活的温情和暖意。这不只是一种爱的补偿，更是一种爱的启迪。一个感到人世间充满着爱的孩子，一定会走出心中的阴影，鼓起生活的勇气，乐观地面对现实。如果我和其他教师与全体学生一道，伸出援助之手，帮助他、鼓励他、关心他，他一定会从学校和班集体中源源不断地吸取信心和力量。如果 A 更多地寄情于学校生活，他也许会淡化父母争吵的情绪反应，从学习进步及与同学友好的交往中得到快乐和安慰。

遭遇不幸的孩子，渴望真心实意的关心和帮助，同时又对自己的不幸特别敏感，不能忍受别人的怜悯，更不能容忍别人歧视或取笑他的不幸，所以不愿意让自己不信赖的人知道自己的不幸。我吃不准 A 是不是信任我，愿不愿意让我知道他家中发生的事情，所以在 A 面前不能轻率从事。于是，我事先给 A 写好了一封信，陈述老师和同学这段时间里对他的牵挂和想念，希望他回到学校和班级，同时表示："老师永远不会舍弃自己的学生，同学永远不会孤立自己的同伴，父母也永远不会遗弃自己的孩子。"我准备在适当的时候把信交给 A。

我担心的是，学生们年纪尚小，阅历不足，对类似于 A 那样的处境和心情体会不深，在关心和帮助 A 时大大咧咧，轻率地提及 A 的家庭争端以及由此而发生的赖学事件，触及 A 心灵的创伤，结果好心办坏事。为了防止发生这种事，我不能轻易把 A 遇到的实际困难透露给全班学生，可以先组织班级开一个小型欢迎会，表达全体师生对 A 重返学校和班级的喜悦之情，根据学生的表现和 A 的反应，再做定夺。

可是，终究得让学生们了解和感受到像 A 那样的处境和困难，否则，就不可能引导学生真正关心 A。唯有对同伴的幸福与不幸富有细腻的敏感性，学生才可能真正懂得怎样关心人、帮助人。我希望每个学生通过关心和帮助A，自己也受到教育，学会关心人；我还希望借助班级内发生的一些小事，或者结合课堂教育的某些内容，使学生逐渐懂得：乐于助人是不够的，还应当学会善于助人。

2. 方案实施及其结果

(1) 小型欢迎会。A同学回来了。按事先的布置，全班组织了一个小小的欢迎会。会上，我隐瞒实情，和同学们一道热烈欢迎他归来。整个班级的气氛一直很活跃，许多学生表达出对A的关切之情以及他回到集体的喜悦。显然，这个小型欢迎会给了A意外的惊喜。上午的几堂课，他始终听得极认真，这是近来少见的。我觉得与A交谈的时机已基本成熟。

(2) 致A的信及与A谈心。中午，我把事先准备的那封信交给了A，然后等待他的反应。下午上课前，A来到办公室，悄悄走近我的身边，叫了一声"陈老师"，接着就哽咽了。但他那双泪光闪烁的眼睛告诉我，他好像有许多话要说，何不趁此机会好好和他谈谈，帮他驱逐心头的阴影，重新树立信心？于是，我用温和的口气和他交谈起来。谈到了他今天的感受，谈到了大伙对他的关心，谈到了他父母对他的爱护，还谈了身边的一些亲人。最后，A似乎明白了什么，对我说："陈老师，我知道了，大家都很关心我，希望我好。我会振作起来的！可是，我的爸爸妈妈……"说着说着又哽咽起来，大颗大颗的眼泪滚落下来。

欢迎会、信、私下的谈心，对A确实有所触动。但是，光凭学校给予的一份真情，弥补不了孩子心灵上的创伤。我该再和他父母谈谈。

(3) 给A父母的建议。几天后，A的母亲应邀来学校。从她那里我了解到：A与母亲感情很深，甚至达到了一种依恋的程度。但是，A母工作很忙，几乎抽不开身陪儿子。我建议她多抽时间陪伴儿子，与儿子多交流，让他多得到母爱的温暖。这样的孩子是很怕被冷落被抛弃的，要让他知道自己始终在父母心中占有重要的地位。

当他父亲来时，我建议他摆正为父位置，既不要像过去那样动辄呵斥和打骂，也不能像现在这样过于迁就孩子，而应动之以情，晓之以理，用情感感化他，用理智说服他。

我不清楚 A 的父母后来做了什么，对待 A 有什么改变。但令人欣喜的是，在此之后 A 在学校的情绪稳定了许多，学习上和表现上也有不小的进步，有时还主动帮助班集体做一些事情，这些难得的进步应及时予以鼓励。

（4）思想品德课与 A 致全班同学的信。记得在思想品德课上，讲到"事物是变化发展的"的时候，我启发学生们看看身边的人和事的变化，有一个学生提出"A 同学也在变化发展"，得到全班同学的赞同。于是，围绕这一点，我组织大家讨论："怎样帮他变得更好？"不少同学发表了意见。有的还提出把座位调到他的身边，帮助他一起学习。还有的学生当即热情洋溢地鼓励了 A 一番。课后，A 找到我，告诉我他心里也有许多话想和同学们说，就是不好意思开口。我建议他先把心里话写下来，然后读给同学听。

后来，A 果然写了一封给全班同学的信。他写道："以前，我学习上懒懒散散……同学们一直在帮我改。我决心不负众望，努力学习。"

四、 教育调查研究方法

没有调查就没有发言权。调查是认识客观事物、进行合理思考、提出解决问题的恰当策略和做出最优决策必不可少的方法。行动研究离不开收集研究对象的有关事实和数据。教育调查研究就属于一种以事实研究为主的实证性研究范式。

教育调查研究是一类实证研究，它强调的是以实践中所发生的事实来证明结论，并包含着明确数量分析的要求。

（一）教育调查研究的特点

教育调查是调查者通过访谈、问卷、测验、座谈等方式，有目的、有计划、系统地收集有关问题或现状的资料，从而获得关于教育现象等科学事实，并形成关于教育现象的科学认识的一种研究方法。这种研究方法作为获取资料的便捷手段，在行动研究中经常用到。它的独特优势在于不受时间空间限制，研究是在不干预研究对象的自然状态下进行的，而且研究手段多种多样。我国学者马云鹏认为，教育调查研究方法主要有以下几个特点。①

第一，主要对教育现状进行考察和研究，具有很强的现实性。

第二，在自然的教育环境中搜集资料，具有很强的实用性。

第三，能够在比较大的样本中获得数据，具有较高的可信度。

教育调查法有许多优点，但它也存在一定的局限：一是它只能揭示事物之间的某种关联（相关关系），而不能可靠地揭示事物之间的因果关系；二是由于调查研究双方的主观偏见所造成的偏差，结果不一定真实。因此，研究者运用这种方式时要注意它的适用对象和范围，尽量保证它的信度和效度，要与其他研究方法配合使用。

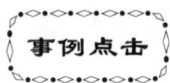

事例点击

行动研究中一次关于学生作业的调查

某学校教语文的陈老师设计了课题"新课程理念下的作业布置与研究"，针对学生每天完成作业所需的时间、学生认可的题目的难易程度以及学生所喜欢的作业类型等，先后作了几次问卷调查。分析这些调查数据后，陈老师设计了多层次、多形式的布置、完成和评价作业的方式，有效地解决了学生不认真做作业和不按时交作业的问题，较好地提高了学生学习的积极性。

---

① 马云鹏. 教育科学研究方法 ［M］. 长春：东北师范大学出版社，2001：130-131.

（二）教育调查研究的主要类型

教育调查研究方法可用不同的标准进行多种分类。从行动研究的实际看，以下分类方式较为适用。

1. 调查法按照其收集资料的具体方式和依据的工具的不同，分为访问调查法、调查表法、问卷调查法、观察法、测量法等

• 访问调查法

访问者通过上门访问研究对象或利用电话直接与研究对象交谈，获取所需要的资料。

• 调查表法

调查者以编制好的表格作为收集资料的工具发给调查对象，让他们依照表上的项目一一填写。

• 问卷调查法

调查者运用事先设计好的问卷向被调查者书面了解情况或征询意见。

• 观察法

研究者通过自己的感觉器官或借助仪器设备，实地观察所研究的现象或对象，获得有关资料。

• 测量法

研究者以测验量表或一定的测试题对研究对象施加测验，获得研究对象的素质方面的资料。

2. 调查法按照调查对象的选择范围可分为普遍调查、抽样调查、个案调查、偶遇调查和专家调查

• 普遍调查

对研究对象的全体无一例外地全部进行调查。其优点是调查资料具有全面性和准确性。但是当研究对象数量比较多时，普遍调查的工作量会变得相

当大，要耗费大量的人力、物力、财力。

• 抽样调查

按照随机的原则从研究对象全体中抽取部分个体作为样本进行调查，以便能够通过样本的情况来推测全体的情况。它既能达到研究的要求，又能节省工作量，因而是一种普遍采用的调查方法。

• 个案调查

专门对某一对象或某一事件进行调查。由于调查范围只集中于一个对象，所以调查能较为深入，取得比较细致的资料。

• 偶遇调查

也叫随意调查。它与抽样调查一样只调查全体研究对象中的部分个体。但它与抽样调查不同的是没有经过科学的方法随机选择调查对象，因此，当以所得到的资料来反映全体的情况时，就很有可能出现较大的误差。其最大优点是节省人力、物力、财力。

• 专家调查

又称德尔菲法，是国外一种比较流行的方法。它也是部分调查，只是其调查对象是与研究课题有关的专家、学者。由于专家在与研究课题有关的领域有较多的研究和思考，因此通过专家调查，收集专家们的意见、态度，调查者可以获得所研究的事物的状况和发展趋势等方面的资料。

（三）教育调查研究的实施

调查法尽管有上述各种不同的类别，但不管是何种类，都基本上要遵循以下步骤。

1. 确定调查项目和选取调查对象

确定调查项目就是把调查的目标和内容具体化为可以实施调查活动的具体事件，即调查哪些方面的表现。调查项目要全面、具体、明确，影响被调查对象某些特征的直接或间接因素都要考虑到。调查项目最好能转化为具体的指标。

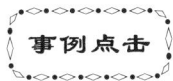

一项调查研究所确定的指标

"上海市中小学生课业负担问题的调查研究"将"学业负担"这一指标界定为："学生课业负担客观上表现为学生的学习任务，以及完成这些任务需要花费的时间与精力，主观上表现为学生在完成学习任务过程中产生的主观体验。"这里，研究者把"学业负担"分解成了客观上可以观测的三个二级指标：学习任务、学习时间、主观体验。学习任务又具体分解为三个指标：学生拥有的教学参考用书数，学生参加校内外各种课外"学习班"的比例，学生请家庭教师的比例。学习时间包括学生在学校学习的时间，在家完成教师与家长布置的功课的时间以及参加各种"学习班"的时间。以这些方面的总时间和 1990 年颁布的《学校卫生工作条例》规定的"小学生每天学习时间 6 小时；中学生每天学习时间 7 小时"进行比较，来判定学习时间是否合适。学习任务和学习时间都以客观存在的具体事物作为调查指标。学生在完成学习任务过程中产生的主观体验难以转化成客观现象的数量加以考察，所以该指标采用社会测量和主观评价的方法，即由研究者在一些问题中让学生就他们对完成作业、学校学习生活等的主观感受做出等级性评价。

在确定了调查项目以后，就应选取调查的对象，这里有两件事必须做好。

首先是确定调查的总体。总体即调查对象的全体；总体是由于某一共同特性而结合起来的许多个别事物的集合体。所谓特性，是研究对象的质的规定。这些特性对学生而言，可以是年龄、性别、级别、所在学校类型、心理特质等；对学校而言，可以是地域、类型、规模等。这里所说的许多个别事物的集合体，并不是实际上把它们组织起来，而是在调查时把它们视为一个整体。对总体特性的要求，要根据研究目的来考虑。对于一些含义模糊的特性，我们必须给予具体界定，以便在选择对象时有明确的客观标准，以保证研究的准确性。

其次是抽取一定的调查样本。由于调查总体往往数量巨大，实际上不可能对总体的全部个体一一进行调查，因此，在确定了总体之后就要考虑如何从中抽取一部分个体作为研究的样本。为了使样本的情况能够全面、客观地反映总体的情况，必须遵循一定的技术抽取样本。教育调查中确定对象的常用方法有抽样法（包括随机抽样和非随机抽样）、全体法和个案法。

随机抽样是使总体中每个个体入选机会都相同的方法。随机抽样又可分为：简单随机抽样，如抽签、摸彩、抓阄、随机数目表等；集群抽样，指将总体按某种特质分成若干份，每份成为一个团体，再以随机方式抽取若干团体，然后把这些团体中的全部单位作为样本；分层抽样，即按照一定的标准把总体分为若干层，使层内群体具有同质性，层次之间差异较大，然后在每个层次中选取一定数量的调查对象；二阶抽样，即先随机抽出总体中的某些群体，再在已抽出的群体中随机抽取个体组成样本。非随机抽样包括立意抽样和方便抽样。

在抽样时还要注意根据调查的目标和总体的大小保持必要的样本数量。

2. 拟定调查研究计划

在实施调查之前要制订一个具体的工作计划，表明研究的主要内容、调查的方式方法，确定工作的主要程序，做到心中有数。调查计划一般应包括调查课题及研究的意义、调查范围及调查对象、调查的时间及地点、调查的具体方法、调查日程安排。拟定调查研究计划要注意以下几点。

• 采用的调查方法

教育调查有许多具体的操作形式，如问卷、调查表、访谈、测验等。调查的方法依据收集的资料的种类而定。态度方面的资料可用问卷调查法；行为方面的资料可用观察法；智力、个性以及学业表现方面的资料可用测量法。有的研究用单一的调查方法，有的研究可能同时采用几种调查方法。

• 调查项目

调查项目要围绕调查目的考虑。先从几个大的方面确定调查项目，再由此逐层分解成具体的小项目，最后分出的小项目要具有可操作性。

- 调查进程的有序安排

- 选择和编制调查工具

具体包括制定调查表格、观察记录表、问卷、访谈提纲和编制测验题目等。编制要遵循一定的技术要求，以保证调查工具的科学性、实用性。

3.实施调查和收集调查资料

调查的实施可以分两步走。首先进行试探性调查，这种调查不是为了得到关于调查对象的详细资料，而是为了得到一些一般性的了解，从而考察调查项目和调查程序的合宜性，以对调查项目和程序做出相应的调整和修改；然后再用编制好的调查工具，根据各种调查方法的具体要求开展调查。

调查实施的过程总是伴随着事实与数据的收集。在收集材料时要尽可能保持材料的客观性，注意不把客观"事实"同带有主观色彩的"意见"混在一起；凡多个人员参与或采用访问、座谈等手段收集的材料，要用统一标准或统一表格做记录；要尽可能采用多种途径和方式收集不同角度和侧面的材料。

4.整理材料并形成结论

材料整理主要经历检查（检查材料的完整性、一致性、可靠性等）、汇总、摘要、分析（即从"定量——统计等计量方法""定性——理论分析"两方面分析）等环节，在此基础上就可以形成结论了。

5.撰写调查研究报告

五、 教育田野工作研究方法

人类学是一门"在科学中历史最短、抱负最大"的"研究人类的科学"。[①]

---

① 马林诺夫斯基. 文化论 [M]. 费孝通，译. 北京：华夏出版社，2002.

一门学科的独特性很大程度上是由其研究方法的独特性所决定的。人类学发展至今，已经成为社会和人文学科中最多样和最不稳定的学科之一，但尽管如此，人类学的基本原则和研究方法却并没有发生根本上的改变。

（一）田野工作：人类学最基本的研究方法

人类学有许多独具特色的研究方法，如田野调查法、全貌观察法、比较分析法、文献分析法、概念分析法，等等，但一般来说，田野工作是人类学家获取研究资料的最基本途径，是民族志构架的源泉。人类学家基辛说："田野工作是对一个社区及其生活方式从事长期的研究。从许多方面而言，田野工作是人类学最重要的经验，是人类学搜集资料和建立通则的主要根据。"[①]田野工作被看作是"现代人类学的基石"。可见，田野工作是人类学研究最主要、最基本的方法。

所谓田野工作，是指人类学者亲自进入某社区，通过长期的参与观察、深度访谈、直接体验等方式获取该社区具有整体性的第一手研究资料，进而将具体经验事实上升为一般性理论的研究方法。田野工作的"马林诺夫斯基革命"，指的是对田野工作方法的创新，即开创了"参与观察"式的田野工作的新局面。从行动研究的角度说，教师在学校这一实践共同体中所进行的各种参与性观察，合作开展的交流与近距离体验，教师在直接参与情境中对学生的研究，以及在亲身投入的活动中所进行的考察，等等，都可以称为田野工作。

人类学强调田野工作的实践属性，隐含着如下一种方法论上的反思与创新：过去的人文科学研究领域、社会科学研究领域以及自然科学研究领域，皆不是以强调研究者直接生活在被研究对象中并以此途径获取知识与资料的，研究细菌的自然科学家不能生活在一群细菌中，研究《史记》的史学家也不

---

① 基辛. 当代文化人类学 [M]. 台北：巨流图书有限公司，1980.

可能与司马迁直接对话。而人类学的田野工作由于其直接实践的品格，使其成为与自然科学的实验室研究、人文科学和社会科学的文献典籍与文物研究具有同等重要地位的第三种研究方法论。

1. 人类学田野工作的具体操作

人类学的田野工作，既可以从"方法论"的角度来分析，又可以作为一种具体研究方法来把握。有的研究者指出，田野工作方法的实践，具体表现在人类学者采用参与观察、深度访谈和直接体验三种实践活动方式获取民族志资料的过程，我们可以将其称为"田野三角"，如图 5 - 1 所示。

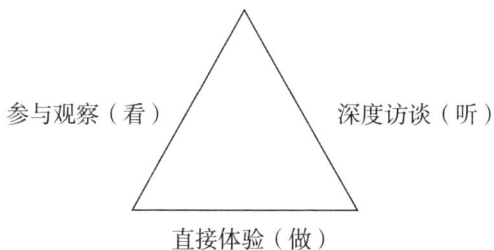

图 5 - 1　田野三角

• 参与观察

指研究者生活于他所研究的人群之中，参与他们的社会生活，观察正在发生的事情。在田野工作中，绝大部分信息来自当地人日常交往的参与性观察过程。这种观察大体分为三种：一是静态的"物观"，二是动态的"人观"，三是动静结合的"事观"。田野工作不仅要求在横向上把观察到的"物""人""事"联系起来，而且要求从纵向上将观察的对象在一定环境中所从事的某种活动当作一个连续性过程来考察。正因为参与观察既要求全面细致，又要求观察社区生活的全过程，这两条决定了田野工作的时间长度，要求研究者有较多的时间全面了解情况并使观察者与观察对象之间相互认同。

在校本研究中，作为田野工作的参与性观察是有充分条件的，从教研组内的教材研究、集体备课和观课议课，到合作开展的活动与工作观摩，再到班级和课堂中对学生表现的深入了解，无不在广泛进行着参与性观察。

· 深度访谈

由观察得来的东西有时未必能揭示内在的蕴意与观念，因而有必要进行正式的采访。实际的采访技巧多种多样，有些按严格的提纲提问，同一问题可以去问许多人；有些可以从某个主题开始，然后由对象自由发挥；还有些可让提供资料者随心所欲地叙说。人类学的访谈可以带一些"随意性"，但一定要注意忠实记录或利用录音技术。精确的谈话记录对于研究是极为重要的。

人类学研究在深度访谈中要重视对个人生活史的了解。

除了特殊的目的，人类学研究一般较少采用开调查会或问卷的方式。"与社会学家不同，人类学家通常不借助于预先制定好的调查表，这些调查表只能倾向于发现他们想要发现的东西。相反的是，人类学者坚持尽可能开放的思想，并因而发现许多预想不到的事。这并不是说，人类学者从不运用问题调查表，有时候他们也用。一般来说，它们被用作补充方法来说明用别的方法取得的资料。"[①]

其实我们不难了解，在校本研究中无论是教师之间的倾心交谈、意见交换或深入研讨，还是同学生的个别谈话，都是在采用深度访谈的方法。

· 直接体验

在参与观察与深度访谈中都贯穿着直接体验，但直接体验更强调身体活动意义上的"做"，即投身于其中去体验研究对象的活动方式和思想感情。做田野工作需要达到类似"同吃、同住、同劳动"的程度，才有可能真正地深入体验和理解自己所研究的人和事。

不言而喻，教师在校本研究中获得真切的体验并非难事。

2. 人类学田野工作的特点

人类学田野工作通过经验主义的方法从日常生活来了解当地人，研究者不仅要考察他们的谈话，而且要考察他们的日常行为。研究者通过把自己当作当地人的一员，而不是客人或陌生人，努力与当地人进行直接接触与交流。

---

① 威廉·哈维兰. 当代人类学 [M]. 王铭铭，译. 上海：上海人民出版社，1987.

他们一方面要能够参与进去，能被接受；另一方面又要作为一个局外人去观察。① 因此，人类学的研究具有以下特点。

• 实践性的特点

有学者指出，我国的教育研究存在着一些弊端，如崇尚宏大叙事和通则性解释，因而未能切入生动丰富的、复杂多变的"个案"式的研究，这必然使教育研究与生活疏离，缺乏对研究对象的体悟，而人类学研究方法倡导"从书斋到田野、从田野到书斋"的理论联系实际的研究，倡导有扎实田野工作基础的"小型事件"和"个案"式的研究，这无疑更有利于解决实践中的问题。事实上，在各种各样的教育改革中，我们总是会提出一些宏大的设想和先进的理念，意欲"以一时之理，匡万人之心"，但往往忽视任何宏远的抱负都必须由千千万万平凡人的实践来支撑；改革的计划是通过数不清的"小型事件"来完成的。因此，走向实践者的"田野"，研究教师们日复一日地进行着的具体实践，对推进教育改革是绝对必要的，这就是吉纳·霍尔和雪莱·霍德在《实施变革：模式、原则和困境》中的一个基本观点：必须对现场中的实施者采取个别的干预行为，否则变革将很难得到普遍意义上的实质性提高。

• 开放性的特点

人类学研究注重"异文化"的研究，包括不同民族文化的比较和阐释，也包括同质社会中各种"异文化"的考察，如不同区域、性别、阶层、方言以及城乡的深入研究，关注"大众文化""民间文化""女性文化""低社会阶层文化"，这种研究有利于揭示复杂的教育文化现象之间的关系和联系，使教育研究走出"精英文化"和"中上层文化"独自拥有话语权的困境，形成一种"开放精神"，聆听到各种"声音"，特别是社会弱势群体的"心声"与呼唤。同时，人类学研究方法还有助于打破"学科情结"，把一些研究范式吸收进来，使教育研究成为一个各个学科就教育这个主题进行对话的学术领域。

---

① 李亦园. 关于人类学的方法论，金光亿. 人类学研究方法［M］// 周星，王铭铭. 社会文化人类学讲演集（上）. 天津：天津人民出版社，1996.

• 真切性的特点

长期以来，教育研究一直有一种倾向，就是研究者以一种"局外人"的立场，持一种实证科学的态度，力求尽可能"客观地研究"不以个人意志为转移的"教育现象及其规律"，显然，这样的研究并不关心"当事人"真实的感受和想法，当然也就无法真切地理解在特定领域和特定情境下究竟发生了什么事情，这些文化事件的意义是什么。而人类学的研究方法强调研究者进入"田野作业"去进行"参与性观察"，近距离地获得"当事人"的认知、体验和生活方式的信息，通过"文化移情""理解他人的理解"，在完全真实的情境中、在内在于"异文化"的境脉中去认识研究的对象。

• 互动性的特点

人类学的研究方法是一种"质性研究"的范式，它重视在具体的情境中进行研究，与研究对象进行互动，从而抽丝剥茧，一步步地发现真相。人类学研究方法不仅要求研究者进入现场做参与性观察时，与观察对象交流与合作，相互信任，有充分的互动，而且特别注重"近经验"（当事人语言描述的文化现象）与"远经验"（学术语言说明的文化现象）的并置与对话。因此，人类学家应处于不同文化概念之间的中介地位，运用对话来处理两种经验概念的并置。这种对话有两次，"第一次发生在田野工作的对话之中；第二次发生在学者通过写作民族志而与读者形成交流关系的时候"。[①] 人类学的研究方法正是依靠这种研究者与当事人之间、不同文化经验之间的互动，通过不同角度的理解，实现真正的"视界融合"，在"社会协商"的基础上建构意义。

3. 人类学田野工作的施行

人类学的田野工作从来就没有一个固定的模式，但人类学研究独特的视角却可以带给我们很深刻的启示。根据从事田野工作的调查者的身份、选择的角度、视野的范围、分析的深度和广度、课题的内容以及组织的规模，田野工作可以粗略地划分为以下五种类型。

---

① 姚秀颖. 解释人类学研究范式及其对教育研究的启示 [J]. 教育科学，2005（05）.

· 主位与客位互动

主客位的研究法是由文化人类学中唯物主义学派的代表人物——美国人类学家马文·哈里斯提出并系统阐述的。马文·哈里斯认为，辨别心理活动与行为的差异，可以从两个不同的角度去观察人们的思想和行为：从事件参与者本人的角度去观察和从旁观者的角度去观察。从这两种角度都可以做出科学的、客观的评价。他把前一种研究方法叫作主位研究法，后一种方法叫作客位研究法。也就是说，主位研究是处在被调查对象的角度，用他们自身的观点去解释他们的文化；客位研究是站在局外立场，用调查者所持的一般观点去解释所看到的文化。主位与客位研究是互补的，并不是互相排斥的。在研究过程中运用好这两种方法，研究者才会得出真实而深刻的见解，才会分析出表层现象后的深层结构，才会总结出规律性的东西来。

我国的人类学研究者认为，这种对于思想和行为的主位和客位描述，能够从不同的视角看待研究者通过田野调查获得的事实，在对观察结果的解释中，既有研究者的观点，也有被研究者的观点，既有对行为的描述，也有对思想的描述，这样就能够避免在对事实的解释中仅仅反映研究者的立场，从而使研究结果更富有客观性和说服力。从对事实的细致描述和解释来看，主客位研究策略是对社会科学研究的一大贡献，把它应用于教育研究，尤其是应用于对田野调查结果的分析，可以较为完整、客观、真实地反映教育情境中发生的行为、事件，揭示其中蕴含的思想和背后的原因。[①]

· 宏观与微观结合

宏观和微观是相对而言的。一般来说，比较大的区域性调查或跨区域调查是宏观调查。微观调查又称微型调查，就是在一定的地方，在少数人可以观察的范围内进行的调查。"微"，是指深入生活实际，而不是泛泛地、一般化地叙述。这样的"微"型研究是人类学研究的基础，通过比较不同"型"，就能逐渐形成全面的宏观的认识。以村镇或学校、班级为单位的社会调查，

---

① 姚秀颖. 解释人类学研究范式及其对教育研究的启示 [J]. 教育科学，2005 (05).

属于微型调查。说得通俗一点，宏观调查是指"面"，微观调查是指"点"。只有点和面有机结合，才能对一种文化的本质有深刻的理解。

· 社区与个案适配

在微观范围以内，社区和个案是人类学的两种典型的研究角度。社区调查是社会学中应用最广泛的一种实地调查。人类学的社区是田野工作的一个基本单位，吴文藻先生认为社区有三个基本要素：第一，人群；第二，人群所居住的地域；第三，人群的生活方式或文化。在人类学研究中，社区调查是为了揭示民族社会某一层面文化的全貌。社区是一个变量，有大有小，如某个少数民族分布地区、某个范围的农村社区。在实际调查中，社区多是微型的，在其范围内容易进行直接的观察。但人类学在研究"群体"时并不排斥个案研究。个案法虽然以个体为调查对象，以个人或家庭为调查研究单位，但其目的在于通过个体去发现整体，通过个案的调查，探求一个社区群体文化的构成。正因为如此，个案被定义为"一个整体"，个案调查是社区研究的一个重要侧面。

· 定性与定量兼用

在以往的人类学调查中，定性和定量调查糅杂在一起，而定性的方法一直占据着主导地位。在人文学科研究中，量化十分困难，定性是十分重要的。但随着科学技术手段的进步，当代人类学已开始注重定量分析，主要表现在把统计学广泛用于调查研究中，运用到建立假设和资料分析的全过程。

· 专题与综合统整

所谓专题调查，就是选择某方面的具体内容，进行深入的、全面的或比较的调查和研究。专题调查要求以深入细致的方式去弥补以往调查资料的不足，要求调查者深入更多的实地，进入前人没有涉足的现场，获取属于自己的第一手资料，还要求调查者具有创新意识、开拓精神，探寻那些前人没有发现或随时代变化新出现的课题。

应该特别指出的是，人类学的研究方法主要包括两大部分：一是获取资料，一般是通过田野工作的参与性观察与文物文献搜集法进行；二是分析所获得的资料，以认知和解读被调查对象的文化，通常要运用主客体互动、跨文化比较和"近经验"与"远经验"并置等方式来进行"文化建构"。这就是人类学家格尔茨在其代表作《文化的解释》中所指出的，人类学者的工作就是选择一项引起他注意的文化事件，然后以详尽的描述去充实它并赋予说明性，以便告诉他的读者理解他所描述的文化的意义。他认为人类学者不可能"完全钻进当地人的脑中"，他们与当地人一样在解释这个世界，而他们的描述所能做的就是对他人的解释进行解释。所以从根本上说，人类学是一门通过研究"他者"，来达到跨文化理解和沟通目的的学问，它要求研究者深入具有异文化性质的"田野"中去做艰苦的调查，并利用所获资料和亲身经历来解说文化与人性。了解人类学的人都知道，田野工作、民族志撰写和文化理论建构是自马林诺斯基对人类学做出杰出贡献——提出了"整体性田野工作法"以来公认的人类学最基本的三项学科规训。①

（二）课堂志：草根化田野式的课堂研究

教育研究要获得第一手资料，就必须深入学校课堂现场，即在学校中、课型中进行科学的、人文的研究，简言之，就是要把民族志研究方法引入学校研究和课堂研究，将学校、课堂作为教育、教学研究的第一手资料获得的"田野"或"场域"。

1. 课堂志研究的含义

学者王鉴认为，课堂志是教学研究者深入研究对象中，直面研究现象搜集第一手资料，全面描述课堂中的课程实施和教学活动现象，探究其发展规律，进行合理解释与说明，进而将自己的发现和体验用一种微观的整体描述方法进行归纳和分析的研究方法。② 学者王丽媛认为，课堂志是教学研究者将

---

① 滕星，巴战龙. 从书斋到田野——谈教育研究的人类学范式 [J]. 西北师范大学学报（社会科学版），2005（01）.

② 王鉴. 课堂志：回归教学生活的研究 [J]. 教育研究，2004（01）.

课堂作为教学研究"田野",深居其中参与观察,获取第一手资料,全面描述课堂中发生的教学现象和呈现的教学规律的一种直观的研究方法。[①] 笔者认为,课堂志是研究团队针对课堂田野中的直观现象、事件或行为,进行详细、动态和情境化的观察、访谈和深描,以求探究特定课堂文化背景下的课标要求、学生学习、教学行为和课堂文化的一种定性研究方法。其研究过程主要包括参与观察、深度访谈、深描和回访等环节,在参与观察中衍生教学问题,在深度访谈中发现课堂文化意蕴,在深描中分析和解释课堂现象、事件和行为,在回访后确立文本的客观性、真实性和科学性。

作为一种研究方法体系,课堂志具有定性、微观、直观描述和草根化等基本特点。

第一,研究方法系定性而非定量,即研究方法是参与观察,而非结构观察。[②] 由于定量观察采取结构化方式收集记录资料,以数字化方式呈现结果,所以定量观察存在封闭性和控制性较强、参与程度偏低的局限。20 世纪 70 年代发展起来的参与观察,是一种定性观察,它采取非结构化方式收集记录资料,以文字化方式呈现结果。

第二,研究内容系微观而非宏观。宏观研究是回答教学"是什么"和"为什么"的,而课堂志是一种实践向理论抽象、理论向实践落实的微观研究,属于"应用技术"研究,是回答教学"怎么办"的。

第三,研究方式系直观描述而非隐晦空泛。课堂志强调"离我远去"原则,让研究人员跳出自己的文化阈限和价值观念,参与观察课堂场域中的教学现象、事件和行为,探究教学规律和分析、解释教学活动,在课堂田野中发现并发展理论。研究人员在参与观察获得第一手资料后,将现场的观察与体验"深描"出来。

第四,研究团队系草根化而非专业化。课堂田野中的一线研究教师,参

---

① 王丽媛. 课堂志:一种基于课堂场域中的"田野式"研究 [J]. 教育科学论坛, 2008 (10).
② 王鉴, 李晓梅. 当代中国特色教学论的发展历程及启示 [J]. 社会科学战线, 2016 (06)

与研究他人和自己，在专家引领、同伴互助和个人反思中形成草根团队，实现专业成长。

2. 课堂志研究的取向

课堂志研究是一种实践研究，它不同于效仿自然科学研究方法的实证研究。自然科学多用实验研究方法，因为其研究对象是可以重复发生、影响因素是可以有效控制的。自然科学因其精确性而被尊为真正的科学。人文社会科学受其影响，为了取得科学的资格，而效法自然科学，引进了所谓的实证科学。与自然科学相反的是，人文社会科学是不能精确计算的，属于复杂科学。实证科学方法论在20世纪后半叶受到了普遍的批判，人文主义的解释研究方法和现象学研究方法兴起。教育学属于人文社会科学，其研究更适合解释学和现象学的方法。课堂志就是在此背景下形成的研究课堂教学现象的解释学方法论。

课堂志研究可总结为四个阶段：观察、访谈、描述、解释，最后形成一个完整的案例。这四个阶段的研究恰恰又形成一个研究者成长的历程：首先，研究者可能在大学或研究机构通过系统的理论学习来掌握本学科的理论和方法，这时更多的是历史的、文献的、逻辑的、思辨的方法，如读书、讨论、交流、研讨；其次，研究者掌握了一定的方法之后，就要到实践当中参与观察、深度访谈，从文化的、理论的角度去解释，这样就形成了研究者"在这里、去那里、回到这里"这样一个研究历程。①

3. 课堂志研究的内容

课堂志的研究内容包括四个维度，即课标要求、学生学习、教师教学和课堂文化。

一是瞄准课程标准要求。

课程标准是规定某一学科的课程性质、目标、内容、实施和评价建议的

---

① 张明. 课堂志：一种草根化田野式的课堂研究范式 [J]. 江苏教育研究，2013（28）.

教学指导性文件，运用课堂志研究课标要求，就是要把握教材编写、教学评估和考试命题的依据，及时分析学生在知识与技能、过程与方法、情感态度与价值观等方面的达标情况。

二是有效调动学生学习。

学生是课堂的主体，是课堂活动的主动参与者和建构者。运用课堂志研究学生学习就是研究学生怎么学或学得怎么样的问题，涉及学习的主要策略及其有效性。

三是转变教师教学行为。

教师是课堂的组织者、引导者和促进者，教师的教学行为在很大程度上影响着课堂教学的有效性。运用课堂志研究教师教学行为就是研究教师怎么教或教得怎么样的问题。

四是追溯课堂生态文化。

学生学习、教师行为是通过学科课程发生联系的，运用课堂志研究课堂生态文化，就是研究学生、教师、课程多维互动、对话的生态场域，关注学生、教师在课堂中的整体感受。

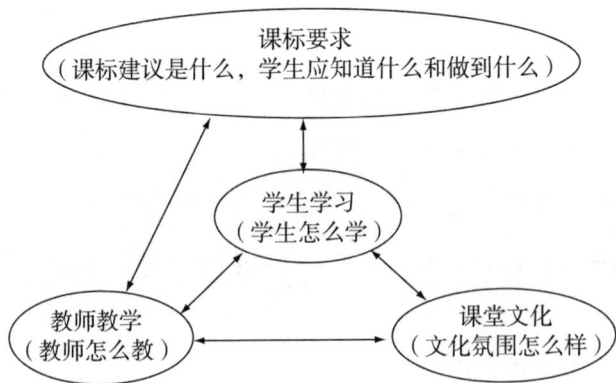

图 5-2　课堂志研究内容关联图

（三）课堂志研究的具体实施①

1. 组建草根团队

课堂志研究的首要环节就是瞄准研究对象组建草根团队。研究对象通常是选定课堂场域中的学生和教师；研究团队多由一线教师、教研员和少数专家组成，从而形成一个草根化、田野式的研究共同体。

在教育教学领域，草根团队研究的是教学中的本真问题，其蕴含：一曰"扎根本乡本土"，二曰"群体参与"，三曰"固本强基"。所谓"草根化"就是平民化、大众化的意思；所谓"田野式"就是来自课堂一线的意思。

2. 参与观察

课堂志研究的中心环节是参与观察。参与观察是指研究者带着明确的研究主题，按照事先做出的系统规划，凭借自身感官（如眼、耳等）及有关辅助工具（观察表、录音录像设备等），直接从与主题相关的课堂情境中即时记录教和学的行为，并依据相关理论和现场第一手资料再作深入研究的一种教育科学研究方法。参与观察需要明确观察点或主题，有了方向，才能对教学行为的改进起实质性作用。

课例研修能为参与观察设计观察点或主题。课例研修是指教师个体或研究团队在一定理论指导下，以某一具体的课（特定学科/年级/教材版本）为研究对象，对"做什么"（教学目标和教学设计）、"怎么做"（教学策略）、"做得如何"（教学评价与反思），以及"如何改进"（新设计、新行为）等具有很强实践操作性的问题进行的一种专业性研究活动。研究团队围绕如何上好一节课，设计观察点或主题，利用观察技术，获取课堂微观信息，找准教学问题所在，通过反思、对话，提出行为改进策略。

---

① 张明. 课堂志：一种草根化田野式的课堂研究范式 [J]. 江苏教育研究，2013（28）.

3.深度访谈

研究团队在参与观察后，还要对研究对象（包括上课学生和教师）进行深度访谈，以获取个人的真实感受和丰富研究的第一手资料。访谈成员可以是个人，也可以是整个团队。访谈内容包括研究对象对课程性质、教学行为和课堂文化氛围的认识，通过深度描述促进自身改进，并启迪和影响他人。

4.撰写课堂志

课堂志的撰写体例，多为叙述或叙事结构，注重使用第三人称，对观察的客观事实进行如实记载；如果是研究报告，通常使用第一人称。随着叙事研究的兴起，讲述课堂中教师自己和他人的故事，已经成为课堂研究的一种重要方法。课堂志的表达载体，可以是博客、QQ群、论坛、校园BBS、校报或图书出版等。

应当看到，课堂志是一种微观研究，常受到时空条件限制，只能在特定课堂情景中开展，不可避免地带有一定的特殊性、偶然性、片面性和主观性。因此，课堂志研究宜遵从人种志研究倡导的原则，建立科学的资料编码体系，加强定性与定量研究的结合，规避其作为一种研究方法的缺陷。

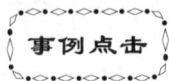

【事例点击】

课堂志研究的实质：课堂案例

课堂志研究经过"观察、访谈、深描、解释"而形成的研究成果其实就是一个典型案例，因此，课堂志研究的实质是一种案例研究。如何将"观察、访谈、深描、解释"结合起来开展课堂志研究呢？笔者在小学六年级的一节数学课"分数的应用"中专门研究了"合作学习"的问题并形成一个典型案例。

这一案例便是完整地将"观察、访谈、深描、解释"组合使用，通过观察发现"合作学习的形式与方法方面存在的主要问题"，通过访谈揭示"同桌之间缺乏合作学习的真实原因"，然后用深描的方法将"同桌学习的过程及表现、由此造成的学习困难、问题解决的途径"等详细地描述出来，在这个过程中坚持"运用合作学习的三种主要形式（同桌、小组、全班）与合作学习的两个基本要素（分工、同学）进行理论解释"。这样就形成了一个较为完整的故事，以此故事作为研究的素材分析了合作学习的形式、问题与方法。可见，课堂志就是研究者在课堂里"观察、访谈、深描和解释"，最终形成案例的研究方法。

课堂志旨在用案例去分析和解决课堂教学中的课程与教学问题，要么探寻教学规律，要么解释教学现象。正如中国家喻户晓的《今日说法》栏目一样，它应该是法学研究与教学的典型的案例研究方法。在这一栏目中，策划者正是将"观察、访谈、深描、解释"组合运用其中，形成了对法律条文的案例呈现。首先，记者通过摄像镜头对整个事件进行记录与还原，观众以镜头为自己的眼睛，观察事件的整个过程，身临其境，形成对事件的视觉认知。其次，记者以访谈方式多角度访问当事人，或让当事人叙事，或不断追问，在问答过程中还原事件真相，让听到的声音印证先前看到的现象，形成相互的验证与支持。再次，节目通过录像与录音极为详细地描述整个事件的过程，深挖事件的细节，尤其是所谓的"蛛丝马迹"，并通过多视角相互验证事件的结果等。最后，一位法学专家通过法理分析与法院的最终判决来解释整个事件与法律相关的问题。当然，所有这些由一位节目主持人"穿珍珠似的"连接起来，形成一个完整的节目，同时形成一个可以永久保存和使用的法学教学与研究案例。我们在这档节目中不难发现，"观察、访谈、深描、解释"的方法不是单独使用的，而是组合形成"套路"，四种具体的研究方法并不是并列的关系，而是一种层层递进的逻辑关系，这种研究便是典型的"志"的研究方法。

案例研究方法首先在法学领域诞生，后被运用到医学、教育学领域的研究之中。案例法乃由美国哈佛大学法学院创始。1870 年，兰德尔出任哈佛大学法学院院长时，法律教育正面临巨大的压力：一方面传统的教学法受到全面反对，另一方面法律文献急剧增长，这种增长是因为法律本身具有发展性，且在承认判例为法律的渊源之一的美国表现尤为明显。兰德尔认为法律条文的意义在几个世纪以来的案例中得以扩展，这种扩展大体上可以通过一系列的案例来追寻，由此揭开了案例法的序幕。医学的案例研究法同样率先在医学院的教学中使用，典型的病例总能对治疗相似的病有一定的借鉴意义，后来逐渐被运用到临床医学，形成了医院临床领域的会诊制度。

教育学领域的案例研究法最早用在教师培训领域，主要通过听评课活动来完成案例，案例不仅对于授课教师改进教学有帮助，而且对于听评课活动的参与者有启发。案例研究法在上述三个专业领域的运用基本相似：案例不仅是教学方法的一种，更是研究方法的一种，教学方法与研究方法相互促进，完善了案例本身，使其更加合理有效。案例既然是专业性较强的法学、医学、教育学的教学与研究的有效途径，那么形成案例的过程也是专业教育资源不断发展的过程，更是专业研究不断发展的过程。"课堂志"与"案例"既有相通之处，但严格讲也有区别。简单地说，"课堂志"要求凡事必记，事无巨细，最典型的是"课堂日志"，它要求研究者每天必记（用文字或声像记载或记录），是全时空、全方位、全覆盖的。正是在大量的"志"里面，我们会"偶遇"具有典型性和代表性的"案例"，所以"案例"既然称之为"例"，则具有明显的选择性，这种选择是对"案"（case）的选择，而非对"志"的内容选择。因此，从"课堂志"到形成"课堂案例"主要有三个途径：一是研究自己的教学，并从自己大量的"课堂志"中积累形成案例；二是在对别人教学的"课堂志"研究中积累并形成一定的案例；三是在平时的学习和阅读中注意搜集书面材料中已经成熟的"课堂志"加工形成案例。对案例进行加工与创造，使其更具有广泛性与代表性，这是案例研究中常常采用的基本手法，在这一点上，"课堂志"研究起了奠基性的工作。

〔资料来源：王鉴. 课堂志：作为教学研究的方法论与方法. 教育研究，2018（09）.〕

六、 教育实验研究方法

实验的方法是从自然科学研究中引入社会科学的。教育研究中的实验方法强调人为地控制教育因素，论证某一假设，进而证实教育现象中某种因果关系。实验的方法是比较严格的研究方法，研究过程需要按照一定的规范设计和实施。中小学教育中有许多问题可以用实验的方法进行探索和研究。

（一）教育实验研究的基本概念

1．教育实验研究方法的含义

教育实验研究方法是研究者根据一定的目的和计划，在人为的严密控制条件下，有计划地操纵实验变量，对教育对象（被试）施加可操纵的教育影响，然后观测被试的各种变化即教育的效果，以此推断所施加的教育影响与教育效果之间是否存在因果关系的一种研究方法，是一种崇尚精确、要求规范的研究方法。

在进行教育实验时，根据不同的实验设计难度、系统操纵自变量的程度和内外效度的高低，特别是对无关变量控制的有效程度，我们可以把实验分为前实验、准实验和真实验三种不同的水平。由于教育本身的复杂性和开展教育实验的实际困难，目前一致认同的是，只要能在研究中做到操纵实验因子，确实地尝试改变现状，这样的研究（即前实验）也都可以笼统地称为教育实验。教育实验不同于严格控制条件的"实验室实验"，通常采用"自然实验"方法。

2．教育实验研究的构成要素

教育实验研究主要包括以下基本要素：①一定的理论和假设；②人为控

制某些因素；③论证某种因果关系。

教育实验过程，通常是在科学的教育理论指导下，提出一个具有因果关系的假设，以这个假设为出发点选取被试，按照某种方式对被试实施处理和测量，最后通过统计分析，确定所提出的假设是否成立，进而论证某一因果关系。

案例点击

"评价方式对学生学习的影响"的实验研究分析

"评价方式对学生学习的影响"这样一项实验研究，研究的问题是不同的评价方式对学生的学习会产生什么影响，研究中运用心理学和教育学的有关理论，提出的假设是"表扬和鼓励的评价方式比批评和指责的评价方式更能激发学习动机"。为检验这个假设，研究者选取了106名小学生为被试，对这些被试先进行一次测验，以测验成绩为基础，将被试分成四个相等的组，让四个组在四种不同的情况下进行难度相等的有理数运算的练习，每天15分钟，共进行5轮。第一组为受表扬组，每天练习后，老师予以表扬和鼓励，当众宣布受表扬同学的姓名。第二组为受训斥组，每次练习后，老师总是点名批评和训斥这一组被试，而不管实际做得如何。第三组为静听组，静听组既不受表扬也不受训斥，而是静听他人受表扬或受训斥。以上三个组都在一个屋子里进行练习。第四组被试是单独练习，既不受表扬也不受训斥，也听不到别人受表扬或训斥。在对实验结果进行分析的基础上，研究者验证开始提出的假设是否成立，进而得出有关评价方式与学生学习成绩之间是否存在因果关系。

[资料来源：马云鹏.教育科学研究方法.长春：东北师范大学出版社，2001：161-162.]

从以上案例中可以了解到，一项教育实验研究一般包括这样几个基本要素：实验的假设、控制的因素（被试、自变量、因变量、控制变量等）、因果关系。

3.教育实验研究中的变量

教育实验研究的要义，就是通过各种变量关系的确认，去获得关于教育活动规律的认识。所谓变量，就是指在研究中会变化的各种因素。进行教育实验研究的目的是确定研究中各种变量间的相互关系。人们一般把变量分为实验（自）变量、效果（因）变量和无关变量三大类，在开展实验前，进行研究设计时，研究者的任务就是对这三种变量进行深入的分析并确定它们的相互关系。

在教育实验中，研究者对待三种变量的基本思路是操纵实验变量，控制无关变量，测定效果变量。

自变量是由研究者主动操纵而变化的变量，是能独立地变化并引起因变量变化的条件、因素或条件的组合，比如在学习内容、教学方法、惩罚方式、学习次数、活动方式等方面研究者采取的变革措施。

因变量是由自变量的变化引起被试行为或者一个因素、特质的相应反应的变量，它是研究中需要观测的指标。

无关变量是与某特定研究目标无关的非研究变量，也叫控制变量。它对研究结果将产生影响，因此需要在研究过程中加以控制。[①]

三者的关系如图 5 - 3 所示。

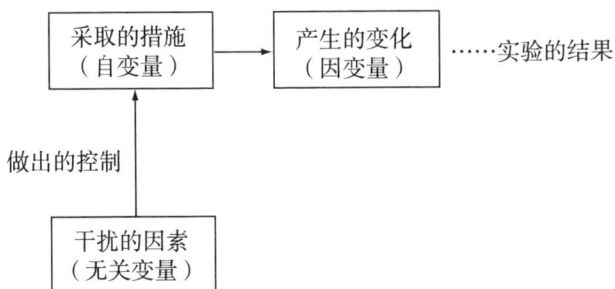

图 5 - 3　自变量、因变量与无关变量的关系

---

①　裴娣娜. 教育研究方法导论［M］. 合肥：安徽教育出版社，1995：125.

关于各种变量的说明

一名教师采用一种新的教学方法进行实验研究，实验后学生成绩有了很大提高，实验成功了。那么，在这里教师采用的新方法就是自变量（亦称实验因子）。由于教师采用了新方法，新方法在学生学习中发生了作用，学生成绩有了变化，这种变化就是因变量。假如教师在采用新方法的同时，学生却超出往常的学习时间去加班加点学习，家长又增加了辅导，这两种因素在提高学习成绩时虽也发挥了作用，但它们不是研究者有意安排的，它们就被称为无关变量（亦称非实验因子）。要保证实验结果的真实性，教师必须保证在采用新方法的同时，尽可能采取措施避免学生加班加点或请家教等其他能提高学生成绩的非实验因素的影响，这就是实验控制。

[资料来源：徐世贵.中小学教师教育科研.沈阳：辽宁民族出版社，2001：251.]

（二）教育实验研究的几个关键环节

教育实验法是在控制环境和条件的情况下，根据一定的假设，有计划地操纵实验措施，记录与观测与此相伴随的现象变化，从而分析确定实验措施和现象之间关系的一种研究方法。在选定实验项目之后，研究者要注意把握这种方法的五个关键环节。

1. 建立假设

这是开展实验的前提条件。假设是在设计实验时以一定的科学理论和事实为依据，对未知事实的假定。在一定意义上，假设也是对实验结果的预测。教育实验是通过实验设计来检验假设的一种受控方法。实验设计时，提出一个答案的假设，用实验来加以检验，人们根据实验的结果来确认或否定假设，接受或推翻假设，这就是实验的基本思路。有一些大型的、复杂的教育实验，提出的假设可能是涉及多种要件的一组假定。

2．操纵实验措施

操纵实验措施也称操纵实验变量，是开展实验的核心内容。实验设计时要确定实验措施是什么，具体内容怎样，如何进行操作，这些问题是十分关键的。实验研究追求严密，而可能影响到其严密性的一个方面是对变量的界定。假如不同的研究者对同一变量有不同的理解，那么在对变量的操作、测量中，必然造成较大的误差。变量的界定要通过给出操作化的定义来实现，即把变量具体化为一些在客观上易于观测的指标。

3．观测实验结果

观测实验结果也称观测反应变量，研究者需用客观和科学的态度来观测实验的结果。如果只做实验而不设计观察结果的指标，犹如只种庄稼不收割一样。观测实验结果要考虑三个问题：一是从哪些方面来测定；二是在什么时间测定；三是用什么方法和工具来测定。观测指标的设计要考虑客观性、有效性和全面性。以青浦教改实验为例，实验开展后从三个方面观测结果：第一，学生学习成绩；第二，阅读能力测验，包括阅读成绩差异、平均阅读和解题时间、概括理解水平；第三，思维能力测验，包括成绩差异和解题的归纳能力等。

4．控制无关因素

控制无关因素是减小实验误差、提高实验可靠性的关键措施。控制无关因素需解决两个问题：一是找到哪些是该控制的无关因素；二是用什么方法加以控制。经典实验常采用随机、消除、恒定、平衡、抵消等方法来控制无关因子，教育实验则主要用消除法和平衡法。

5．分析实验措施和结果之间的关系

实验是在假设的引领下，控制实验的条件，然后观察对象的反应，进而分析实验因素的作用效果，例如该有这些反应吗？为什么会有这样的反应？这些反应是怎么产生的？这些反应和实验措施之间有什么关系？由此推断实验措施和结果存在什么关系，是必然的因果关系，还是偶然的联系。

（三）教育实验研究的基本步骤

我们以"上海市青浦区'大面积提高数学教学质量'的实验研究"为例，说明教育实验的操作步骤。

1. 发现问题，选择课题

在实际的教育教学中发现了问题，研究者为了解决问题而提出实验课题。"青浦实验"就是在发现了学生的数学成绩不佳时，提出了"大面积提高数学教学质量"的选题。

2. 调查研究，建立实验假说

通过调查，寻找问题的原因，是实验者对自变量与因变量之间关系的推测与判断的过程。"青浦实验"在"筛选经验"阶段，找到了提高数学教学质量的有效教学措施，就是教师自己的教育经验。

3. 根据实际情况，设计实验

实验者在着手验证假说之前制订实验计划，其目的在于更科学、更经济地验证假说。实验设计的内容主要有以下几个方面：

- 实验变量的操作与控制，确保实验者依据实验要求使操作不走样；
- 因变量的观测方法、测量手段；
- 无关变量的控制措施；
- 实验对象的选择；
- 实验的组织形式，确定是单组实验形式、等组实验形式或者轮组实验形式，最常用的一种实验设计是先后测验的等组（实验组与对比组）实验；
- 实验数据处理方法的确定。

4. 实验的施行

即实验工作者按照设计的实验方案，操作实验变量，控制无关变量，观察、记录、测量反应变量，搜集实验信息的过程，也就是将实验方案物质化、现实化的过程。

5. 资料的统计处理

即对在实验过程中积累起来的资料，采用科学的统计方法进行统计分析。一般是先用描述的方法把反映结果的原始资料加以列表、图示或计算该资料的平均数、标准差和相关系数等；然后用推断统计的方法来检验自变量与因变量之间的关系。

6. 形成实验报告

反映一项实验的过程及结果并将其公布于世的文字材料，是教育科研成果的一种重要形式。

事例点击

上海市青浦县"大面积提高数学教学质量"的实验研究

上海市青浦县（现青浦区）从 1977 年开始进行的一项持续十余年的数学教改研究，主要有四个阶段：三年教学调查（1977 年 10 月～1980 年 3 月）、一年筛选经验（1980 年 4 月～1981 年 8 月）、三年实验研究（1981 年 9 月～1984 年 9 月）、三年推广应用（1984 年 9 月～1987 年 8 月）。

"教学调查"阶段，在调查学生学习情况、班级特点、数学教师教学情况的同时，研究人员还调查了许多有志于数学教学事业的教师的教学经验，从中积累了 160 余项经验。

在"筛选经验"阶段，研究人员在一所中学挑选两个试点班和两个对照班开展研究。他们从工作实践出发，探索出一种经验筛选的方法。然后，经过一年约 50 次循环，他们选出 4 条比较有效的教学措施：（1）让学生在迫切要求下学习；（2）组织好课堂教学的层次；（3）指导学生亲自尝试；（4）及时提供教学效果的信息，随时调整教学。

在"实验研究"阶段，研究人员又将筛选出的四条经验概括为"尝试指导"和"效果回授"，并探索它们在教学过程中的作用以及在不同类型学校、不同程度班级中的可行性。他们的具体做法主要是：

1. 设置实验班和对照班，并在此基础上设置对偶比较组。

在初中入学时，将440名学生分成10个班，其中，实验班与对照班各5个班。在分班时，学生的小学数学基础以及数学方法的思维能力水平经过预测，实验班与对照班学生预测成绩的平均分和分布状况几乎一致。同时，实验班与对照班教师的平均教学水平也比较接近。此外，实验班和对照班均采用全国通用教材，教学进度参照人民教育出版社出版的教学参考书中的建议。

2. 在实验班采取实验处理措施，在对照班维持一般教学方法。

实验班运用"尝试指导"和"效果回授"的方法进行教学，对照班用一般方法教学。实验班的教学以培养学生获得和运用知识的能力为目标，其方法是将教材组织成一定的尝试层次，通过教师指导、学生尝试进行学习，同时非常注意回授学习的结果，以强化所得的知识和技能。

3. 对实验班和对照班进行相同的检测。

在实验中，实验班的历次学期考试合格率、优秀率全部都高于相应的对照班。此外，在难度、区分度高于学期考试的单元考试中，实验班相对于对照班而表现出的提高从第一次就非常显著。第三个学年的三次阅读能力测验中，实验班与对照班的成绩差异非常显著。在三个学年的三次思维能力测验中，实验班与对照班的成绩比较情况是：第一次和第三次差异非常显著；第二次，差异显著。

这项实验研究表明：采用"尝试指导"和"效果回授"的教学方法，确实能产生更好的教学效果。

第六章

怎样表达教育行动研究的成果

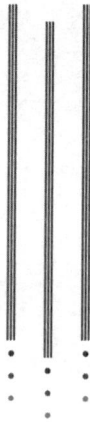

教育 行动研究是一种以教育实践者为主体、以解决工作中的实际问题为目的、融"行动"与"研究"为一体的应用性研究，其涉及的范围是教育活动的诸多领域。教育行动研究的成效主要表现为"行为的改善"，但无论是认识成果还是工作成效，都要用语言文字来表达。

教育行动研究是一种以教育实践者为主体、以解决工作中的实际问题为目的、融"行动"与"研究"为一体的应用性研究，其涉及的范围是教育活动的诸多领域。教育行动研究的成效主要表现为"行为的改善"，如：在学校管理上，行政效能有了提高，制度规范更加完善，学校发展更具活力；在课程行动研究中，形成了新的课程方案，构建了新的内容系统，促进了新课程实施，开发了新的课程资源等；在教学改革方面，教学的模式、策略、手段有了创新；在教师专业发展上，教师责任意识、业务能力、专业素养有了提高；在学生发展上，激发了学生学习的积极性、提高了学生素质，使学生习得了自主、探究、合作的学习方式等。但无论是认识成果还是工作成效，都要用语言文字来表达。

一、 研究结论的产生

校本研究的结果，首先是课题研究所得出的结论，这是研究的价值所在。所谓研究结论，就是将研究结果归结为新的知识和理论，它是研究者的认识成果。正是在这个意义上，维尔斯曼认为，"最终的得出结论和启发性的工作是最重要的"[1]。

我国学者喻立森曾概括研究结论产生的三个方面[2]，他的提法也大体适合教育行动研究。

（一）研究结论的产生前提

查遍古今少疏漏

① 威廉·维尔斯曼. 教育研究方法导论［M］. 袁振国，译. 北京：教育科学出版社，1997：27.
② 喻立森. 教育科学研究通论［M］. 福州：福建教育出版社，2001：237-253.

考察实际少疑惑

斟酌推敲少遗憾

（二）研究结论的推理过程

整理认识，融会贯通

逻辑推理，深入严密

理论抽象，凝练概括

持之有据，言之成理

（三）研究结论的提出角度

明白中肯——商榷性结论

证据确凿——总结性结论

耳目一新——创新性结论

二、 研究成果的表达

　　研究成果即研究"成绩"，是能产生某种效用的结果。我国学者把研究成果界定为研究者为了交流和传播研究结论所选择的知识载体与媒体的总称。它是指在从事行动研究过程中，研究者已经获得一定的成绩，预计有某种成效的结果。研究成果具有对教育创新的激励功能，对社会进步的促进作用，对学校建设和教师发展的推动效应。

（一）研究成果的界定

研究成果是介于"成绩"与"成效"之间的一种积极的结果。这样讲是基于对研究成果的三个方面的界定：

- 研究成果是对研究结论的逻辑展开；
- 研究成果是对研究过程的艺术再现；
- 研究成果是对研究心理的真实摩描。

（二）研究成果的类型

行动教研成果的类型划分，既是教育科学研究结论选择表述载体形式的根本依据，又是教育研究成果确定内容要求与推广方式的重要依据，甚至关系到成果的检查验收、鉴定评价等诸多问题。当研究成果需要用某种载体或物质形式表现出来，这时就会形成一系列文本。

- 事实性成果。如，各种观察、调查、试验的资料汇集，个案、事例、考察记录，等等。
- 工具性成果。如，规划、方案、制度、标准之类，以及地方性教材、校本教材等。
- 经验性成果。如，教师的各种经验总结、反思笔记、教育随笔、典型案例等。
- 理论性成果。如，课题研究报告、专著、论文等。

（三）研究成果的要求

教育科学研究成果是对研究结论的逻辑展开，是教育理论形态的唯一载体与媒体，同时是提供给人们学习，并用以开拓认识视野，指导教育实践的有效形式。对研究成果的要求，是对这个集合系统内各形式的知识载体与媒体的总要求。这些要求主要有：

- 形式规范，符合研究结论的传播需要；
- 结构合理，反映逻辑进程的必然顺序；
- 内容充实，展示客观事物的丰富内涵；
- 表达准确，突出语言的科学与生动特色；
- 注引规范，体现研究主体的严谨学风。

三、 研究报告的撰写

教育行动研究报告是教师开展教育行动研究之后撰写的一种最终的书面成果。与以往的教学经验总结不同，教育行动研究的案例报告应该有一定的格式，不能过于随意。一般而言，一份完整的教育行动研究案例报告应该由以下几个部分组成[①]。

（一）题目

教师在递交教育行动研究案例报告时，在题目的表述方面，要尽量突出措施和问题解决之间的因果关系，避免"文学化"和"情感化"的题目表述方式。教育行动研究报告的题目，具体有以下两种表述方式。

一是以问题为中心的开放性表述。如"解决××问题的尝试""××问题的成因与对策""关于××问题的行动研究""关于××问题的个案研究"等。

二是突出从某个具体措施入手去解决问题。如"从××入手，解决××

---

① 汪利兵，等.教育行动研究：意义、制度与方法［M］.杭州：浙江大学出版社，2003：129.

问题"，体现了措施与问题解决之间的因果关系。

（二）摘要与关键词

摘要是对案例报告内容的一种概括性叙述，它使读者在没有通览全文的情况下，对研究报告中涉及的问题、归因、措施与行动以及评估与反思等内容，有一个大致的了解，并根据自己的兴趣，确定是否进一步阅读。关键词主要是列出论文所涉及的主要概念、问题和想法，对于建立资料和论文索引有很大的帮助。

> **学习链接**

教育科研的质量保证

教育科研质量是教育科研的固有属性满足需要的程度，其主要体现在服务性、规律性和多样性三个方面。教育课题的承担者既包括教育理论工作者，又包括教育管理者和教育实践者。由于研究对象和自身话语体系的不同，课题承担者在成果质量的问题表征中也有所差异。但不管何种课题研究，都要遵循科学发现的一般逻辑，都要对研究者自身的认知和行为进行"反思性监控"和理性化改进。

根据德国社会学家哈贝马斯的认知旨趣理论，理论型、对策型和实践型课题研究分别体现了人类的解放、技术和实践三种旨趣。理论型课题的重心在于"基础性"，即为其他研究和实践提供依据，其成果质量表现在"引用率"和对实践的影响力上，但这种影响主要通过思想观念的渗透和启发间接进行。对策型和实践型课题成果则更加直接地作用于实践。尽管三类课题的认识旨趣和应用方式不同，但它们都具有鲜明的问题导向，都致力于重大理论和现实问题的解决。在问题意识与实践取向上，三类课题研究是一致的。

课题研究的本质是创新，新材料、新观点、新方法、新理论都属于课题成果创新的表现形式。根据国际上对于创新的一般定义，创新是将新事物引入原有结构的过程，它具有新颖性、实用性和先进性的特点，同时创新的成果要经得起实践和历史检验。评判课题成果质量的关键是看它对于人们认识和实践的影响力。遵照此种逻辑，课题成果的质量体现在它的理论和实践价值上，而价值的大小又取决于课题成果的可靠性和实用性。"可靠性"是课题成果的内在规定性，"实用性"是课题成果的外在规定性。"可靠性"要求课题研究的结论是可信的，研究的过程是规范的。据此，课题成果的质量可以通过"研究的内容是否可靠、研究的方法是否科学、研究的结果是否管用"三个方面进行评判。

表 6-1　课题成果质量表现出的突出问题

一级表征	二级表征
内容与结构：不科学	概念范畴模糊
	理论深度欠缺
	研究偏离主题
	逻辑结构混乱
过程与方法：不规范	研究方法失当
	调查研究不足
	数据资料陈旧
	引用文献失范
结果与价值：不管用	对策建议不实

[资料来源：刘贵华，孟照海. 教育科研课题成果质量的九个问题. 教育研究，2015 (09).]

（三）正文的构成

教育行动研究案例报告的正文内容，基本上可以分为四个部分，即问题的提出，问题的归因，措施与行动，评估与反思。当然，教师在撰写案例报告时，可以根据研究的实际情况，对正文的段落及小标题作相应的调整，但是不管怎么调整，正文部分的内容应该完整地包括上述四个部分。

- 问题的提出

问题的提出部分主要应该体现"问题的发现""问题的定位"和"问题的初始调查"三个方面的内容。

- 问题的归因

问题的归因部分应该体现从理论、经验和调查三个方面寻找问题原因的过程。

- 措施与行动

措施与行动部分要求措施与前面的归因相对应，措施的阐述可以比较抽象，但是每项措施必须有具体行动的支持。在这方面，研究者可以列举一些具体的课堂实录和教案片段，对于篇幅较长的课堂实录、教案、观察日记等内容，也可以点到为止。

- 评估与反思

评估与反思部分主要包括成效评估、现有措施的副作用分析和替代分析三个方面的内容。

（四）其他的陈述

包括致谢、参考书目及附录。附录部分主要收集案例研究涉及的一些不方便列入正文的实证材料和数据，是对案例研究报告正文的一个重要的支持和补充，体现了教育行动研究的真实性，如问卷设计、调查记载、谈话记录、课堂实录与案例、教案、观察记录、相关的文章与总结等。可以说，附录就是一种证据的汇集。

爱与被爱的互动

——一个教育行动研究的实例

（一）现象与观察

现象一：

为了了解一下学生在关心自己、关心他人方面的认识，我曾做了一项调查。我出了几道题，让学生们用一节少先队活动时间，写出自己真实的想法、做法。题目是这样的：

（1）假如你自己生了病，你会怎么做？

（2）假如你的爸爸妈妈生了病，你会怎么想？怎么做？为什么？

（3）假如那天正好要用练习册，你的书包是你父母帮你整理的，正好忘了带练习册，这时候，你会怎么想？

（4）这两天，我们的数学老师因疲劳过度，嗓子都哑了，对于这种情况，你有什么想法？

下课后，我把同学们各自写的东西收上来，一张张看了起来，其中我班小宁同学写的一张纸条引起了我特别的注意，只见他的纸条上写着：

（1）我生了病，我会躺在床上吃药或看电视。

（2）爸妈生了病，我会住到亲戚家去，因为我怕爸妈的病会传染给我。

（3）我会骂爸妈，骂他们毛手毛脚。

（4）我没什么想法。

看到这，我不由一愣：这孩子的想法怎么会是这样？是他的爸爸妈妈平时不关心他吗？不，据我了解，小宁爸妈非常关心他，可以说是太关心他了！他母亲曾对我说，小宁一顿要吃三只鸡大腿，四只面筋塞肉；家里买了一只鸡，不允许父母先吃一口，要等自己吃够了，才肯让父母吃；文具盒中的铅笔都是几元钱一支的自动铅笔，用了一段时间就喊用腻了，要父母帮他换新的……他父母的想法是只要他学习好，吃就尽量让他吃吧，用也就尽量满足他吧，反正现在只有他一个小孩。

但是他父母在生活上满足他后，他的学习并没有如他父母的愿。他母亲曾几次向我叹苦经："在家里，我是一直盯着他学习的，可是他不学，真是把我给累死了。好像现在我在上学。早上7点钟，我急着要去上班，喊他几遍，他无动于衷，我实在没办法，把他从被窝里拖出来，帮他穿衣，穿鞋，照顾他吃好早饭，让他上学。下班回来，我们一家去他奶奶家吃，可我也不轻松，忙着坐在他旁边，盯着他做作业，常常拖到很晚。如果我有事要忙一会儿，他就一个字也不写，干坐在那里，东摸摸，西看看，真是拿他没办法。"他母亲又说："我也曾对小宁说，你就不要去上学了吧！他却对我说：'干吗不上学？'我对他说：'你就留一级吧！'他回答：'反正我比别人小一岁，留一级也不要紧。'好几次都因辅导他做功课，他不肯做，我伤心得流泪。他看着我泪流满面，却'嘿嘿'地笑我，真是让我哭笑不得！"

现象二：

小宁在家里是这样，在学校里也是这样。他光晓得调皮捣蛋，懒得做作业，常常是别人完成了作业已回家，而他作业还没写，照样玩得挺高兴。你看，数学老师又来向我反映了："数学课上，班级一学生因身体不适而呕吐了，同学纷纷向她投去关切的目光，老师也对她问寒问暖，而小宁却学着同学呕吐的样子用手捏着喉咙干呕着，引得同学笑，他还做出怪样。"

（二）诊断与分析

显然，这是一个爱心沉睡的孩子，他感受不到父母的辛劳，对父母的良苦用心毫无敏感性，因而视父母为他所做的为理所当然，不懂得感激，更不用说关心、体贴父母。他也体会不到身体不适的同学的心情，对他人的痛苦和不幸麻木不仁，因而不但不能对生病的同学表示关切，反而取笑她。面对这样的学生，我心里是非常沉重的。这么小的孩子本不该是这个样子的。

小宁之所以缺乏爱心，根本的原因是他很少有被人爱的真切体验，家长不懂如何关心自己的孩子，一味宠爱，酿成苦果；孩子处在溺爱中，对父母对他的爱习以为常，认为是理所当然，所以对父母给予的爱麻木不仁。他并不缺少别人的爱，但缺少被人爱的意识。正因为缺少被爱的意识，所以才没有爱的意识。对于这样的孩子，要唤起他爱和关心的意识，首先要唤起他被爱和被关心的意识，要唤起他被爱和被关心的意识，不是给他更多的爱，而是要少给他一点爱，使他逐渐懂得珍惜别人的爱。

（三）措施与效果

第一，找他父母进行一次谈话，指出问题的症结，晓之以真正关心孩子的正确方法，并商量对策，促其改掉缺点。

这一方法是适当进行惩罚。我向他们介绍班内另一家长采取的这一有效的方法，让他们借鉴。一方面是对其进行冷处理，让他从"宠爱"中跌落至"受人冷落"，使他尝到没人关心的滋味，从而珍惜受人关心的机会。其具体做法是对他的学习不闻不问，把他的学习任务完全还给他自己，父母不再陪读，让他亲身体验平时父母关心他学习的辛苦。另一方面，对他的吃、用适当控制，发现有进步，可进行鼓励；如果没有进步，则让他少吃，少用。

第二，多发现小宁身上表现出的关心他人的闪光点，进行激励，促其学会关心自己的学习，关心自己的父母，关心自己的老师。

四年级时，我就发现小宁虽说调皮，但在学校组织的为"'手拉手'学校捐款"、为"希望工程捐款"等活动中表现较好。他积极参加，踊跃捐款，收集废品，为希望工程做贡献。我何不利用他这一闪光点，对他进行表扬，从而促其树立目标呢？

于是我仔细观察，寻找他的闪光点。

12月4日上午，机会来了。第三堂课是体育课。这节课一下课，我刚到操场上去看学生排队情况，几名学生急急地边喊边向我跑来："浦老师，浦老师，王文昏过去了！"我一听，忙问清她在哪里，就急着赶往医务室去看望她。这时正值学生吃午饭时间，许多同学正忙着排队打饭。我来到医务室，咦，小宁怎么也在这儿？他也关心王文？我心中一喜。待我看过王文，安排她父母来校带她去看病后，我就去教室吃午饭。在吃午饭时，我喊来小宁，问他怎么会也在医务室。他回答我："我去看看她究竟怎样了！"于是我趁势表扬了他："看来，你还挺关心同学的嘛！但你就是不会关心自己的学习，包括关心自己的父母，关心自己的老师。希望你能学会关心自己的学习啊！"小宁听了我的话，脸上显出少有的一本正经的模样，向我点了点头，高兴地去吃饭了。

下午我又在课上当着全班同学的面表扬了小宁，其他同学听了，有人在下面发表了不同看法。有的说："小宁到医务室是去玩的！"有的说："我也到医务室去了呀！"我就说："不管小宁到医务室是去玩的还是去看王文的，他这一行动充分说明他还挺关心人的，我们要看到他这一进步。"我这么一说，大家都没有什么意见了。于是我就向大家提出了希望："当一名同学有了一点进步，我们一定要看到他这一小点进步，鼓励他，从而督促他改掉别的缺点，这也是关心他人的一种表现。小宁，你看，同学们都这样相信你，你应该不让同学失望啊！"小宁听了，一节课表现得都不错。那一天放学时，他的作业第一次全部完成。

第三，经常给他树立一个小目标，鼓励他用实际行动达到目标，激发他继续努力。

第四，多利用移情法，让他从别人的角度考虑问题。比如让他讲："假如你在上课时呕吐了，而你的同学学着你的样子干呕时，你会怎么想？为什么？"

[材料来源：陈桂生.到中小学去研究教育——"教育行动研究"的尝试.上海：华东

师范大学出版社，2003：89-93.]

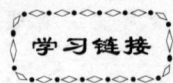

走出教育写作的困境

中小学教师教育写作的困境缘起于写作主体、对象和语言之间内在的紧张与冲突，这种冲突的缓和，显然无法单纯依赖于写作技巧的训练。事实上，它更依赖于我们在方法论的层面确立写作所欲表达的对象及其性质，进而思考以怎样的语言形式加以呈现。对此，一种指向教师教育生活体验的反思性写作或可成为这一问题的解决之道。

（一）以教育生活体验为写作对象

教育写作作为教师教育研究的一种形式，它既可以是对具体关系进行抽象与结构化的工作，也可以成为体会教育世界复杂性与可能性，感受意义世界独特性的一种方式。于中小学教师而言，通过教育写作，反思日常教育生活现象的意义，进而使"我"与置身其中的教育生活有着更加直接而原初的联系，理应是教育写作基本的路向选择。就此，教师教育写作的对象既不是纷繁易逝的教育事件，也不是蕴于这些事件和现象背后的所谓规律，而应该是教师的教育生活体验，它是教师在教育生活中形成的"直接的、先于反思的意识"。指向生活体验的教育写作，首先它意味着当教育事件发生时，作为写作主体的教师处于在场状态。这是由体验的直接性决定的。唯其如此，某一教育事件发生时，教师才可能在意识中发生感知、印象、情绪和思维等反应，并实现对教育情境、人物及其关系、情节、内心事件和体验的把握。其次，教师的生活体验无法通过即时的现象去领悟，而是通过对过去存在的反思和理解获得的。这意味着教育生活体验是具有意义整体性的时间流、生命流，即能够成为教育写作对象的生活体验，不仅是"我"所经历之事的积淀，它们还影响着"我"对其他事件的"经历"。最后，生活体验作为教育写作的对象，不仅意味着对其具体表象的关注，还意味着对生活体验的本质予以关注，形成关于体验的可能性解释。这实质上是指向生活体验的教育写作的任务所在。

（二）以描述性语言进行直观呈现

指向教师生活体验的教育写作的根本任务既然不在于呈现具有结构性的认识，而是在于使教师对于教育生活的体验能够获得如其所是的呈现，那就意味着，教师在进行教育写作时，不需要太多的语言技巧，也无须过多构思文本的结构和表现手法。对教师所经历的教育生活及其体验进行描述，是教育写作的关键所在。对此，有研究指出，（现象学的）写作是"对生活体验（现象）的描述性研究，并试图通过挖掘生活体验意义来丰富生活体验本身"。对生活体验进行描述，一方面意味着教育写作在语言呈现的整体形式上，不追求事件整体性和结构性，它可以更多以片段的方式呈现，譬如教育故事片段，或是以体验故事为基础的哲理小文等，从形式上说，它更接近于意识流式的写作。另一方面，指向生活体验的教育写作，要求教师从当前那种术语堆砌和故弄玄虚的所谓"学理式"写作中摆脱出来，以简单的、直接的、生活式的语言，将其所经历的事件及作为"在场"的"我"的体验，以不加归因性分析的方式呈现出来。这种"质朴"的写作方式使教师的教育生活更加丰富和具体。

（三）以重写实现意义的持续建构

生活体验的最基本形式是一种先于反思的意识，亦是一种反射性或自发性的意识，它只能在教师的教育写作中，通过对其反思和理解获得呈现。在此意义上，指向生活体验的教育写作不仅是反思性的，更因此使写作具有了"重写"的意义。教师通过对其写作的文本所呈现的生活体验进行不断的回顾与改写，不仅能够使其描述更加迫近彼时彼地"我"的原初体验，更能通过重写，构建具有一系列层次或不同层次的意义体系，从而使教育写作成为构建理解与体验、反思与行动之间联系的人的存在方式。在此意义上，教师通过指向生活体验的反思性写作与持续的重写，将置身于诸多教育事件中"我"的心路历程立体呈现于文字之中，从而获得对"师之为师"甚至是自己是其所是的一种准认识，并充满着"我应是"的可能性。也正是这种种新的可能，使教师在去弊中构建出新的见解、认识，也构建着可能的教育生活世界，推动教师的自我发展和成长。

[资料来源：叶波. 中小学教师教育写作的困境与出路. 中国教育学刊，2019（01）.]